障害児教育＆遊びシリーズ 7

障害児の遊びと手仕事
遊具・教具のつくりかた

森 哲弥 著

黎明書房

障害児教育＆遊びシリーズ版へのまえがき

　1979年にこの本のもととなった『障害児の遊びと手仕事』が出版されました。（本書はその『障害児の遊びと手仕事』を加筆，訂正し，大判化したものです。）その年はちょうど養護学校が義務化された年でもあり，障害の重い子どもたちが，たくさん入学しましたので，重症心身障害児施設「びわこ学園」での教具や遊具，遊びなどを紹介したその本は多少なりともお役に立っている気配が感じられました。教育委員会や高教組，看護短大，養護学校などで教具や遊具づくりの実習や「考え方」のお話をさせていただく契機となりました。

　リニューアル版のお話があったとき，わたしは少し戸惑いました。現場の仕事から離れて20年余り経っていましたので，その間の障害児教育の動向とか流れというものをよく把握できていなかったからです。わたしが現場で仕事をしていた時期は，まだ養護学校が義務化されていない頃で施設には学校に行けない子どもたちがたくさんいましたから，わたしたちの意識のなかには「教育」という言葉が刻まれておりました。日々の大半を占める介護の仕事の他に「設定活動」を設け，子どもたちが魚の形を切り身の形でしか知らないことに気が付いて実物教育としての調理実習を試みたりしてきました。

　以来多くの年月がすぎました。養護学校が義務化され，「国際障害者年」がありノーマライゼーション，バリアフリーなどの言葉が日常語に参入してきました。療育の実践の場では感覚統合などリハビリテーションの視点が加わってきました。

　「びわこ学園」で生活している人たちは年を重ねて「子どもたち」と呼べる人は数名になりました。また障害が重度化して療育活動の様子も大きく変わりました。

　このような変遷を経てきた今，以前と同じ内容でみなさんの日々の活動に，授業にヒントを提供できるのだろうかという心配もあったのですが，少しはまだお役に立てるところもあるだろうとの楽天的判断をして，出版社のお誘いにのりました。

　このようなわけで，表記も「子どもたち」になっていたり，世の中から消えて久しい「ゴーゴー」や「捕鯨船」という言葉があったりしますが，そこは当世風にアレンジしてお使いいただければと思います。

　この本に誘われて，もし本腰を入れて教具づくりに取り組もうと思われるのであれば，ぜひご自分専用の上等の道具をお持ちになることをすすめます。またジグソーなど電動工具は家庭用のものでなく大工さんが使っている本職用を求められるほうが結局使いやすいと思います。愛用の道具を持てば，必ず使ってみたくなります。道具には人の製作意欲を誘い出す「誘発性」があるのです。

教育は子どもたちの意欲をひき出すなどの情意からも出発しますが子どもたちの障害に対しての客観的評価も大切です。もし身近に作業療法士がおられればいろいろとアドヴァイスしてもらったり，教具や遊具の共同制作ができれば，教育の視点とリハビリテーションの視点が統合されたすばらしい教具・遊具ができるでしょう。訓練器具や遊具や教具は素敵なものがいっぱい市販されております。ただ個別的条件に対応するには，それにあったものを既成のものから探すより，つくり出していくほうがはるかにいいものが用意できます。それは製作者の自我関与が働くからです。

　前の本が出た後も教具や遊具づくりは続けておりました。その中で講習会などで好評だった「両面バランスボード」を，次ページ以降に紹介します。「まえがき」の範疇から飛び出して編集者から叱られそうですが。

　紙幅に限りがあるため，本編のように詳しくは説明できませんが，目を凝らして説明図を見ていただければイメージが浮かんでくると思います。

　与えられた大きさの板に無駄なく円弧を描く方法（図1）は木馬の脚や船形シーソーなど，揺れを楽しむ遊具をつくる場合にきっとお役に立つと思います。

　教育の視点とリハビリテーションの視点ということを先に述べましたが，もう少し加えたいと思います。障害児の教育に関わるとき心の面と体の面の双方からのアプローチが必要です。私の教具・遊具づくりの方法は，子どもたちに物に触れる機会を与え，感覚，経験を豊かにし意欲を高めるということを目的とし，それらの指標として発声や笑顔を観てきましたが，身体的な内実から客観的検証ができていたとは決していえません。意欲を誘うやり方がかえって異常筋緊張を強める場合もあるからです。障害が重度化していく状況にあっては，意欲や笑顔からアプローチする人（教育）と身体の客観的内実からアプローチする人（リハビリ，看護，医療）の検討の場が必要です。障害児の今の生活を人生の一齣（ひとこま）として捉えれば，時には身体的内実よりも「心」を優先させねばならないとき，反対に「心」をおさえて身体的内実を優先させねばならないときがあると思います。このような場合にそれぞれの立場の人が互いに斟酌して，その子の最良の「今」をつくり出すことこそチームワークの真骨頂だと思います。

　教具・遊具のことから少し広がった感じがしますが，原本の『障害児の遊びと手仕事』を書いてのちに気付いたこととして，「両面バランスボード」のつくりかたとともに補遺として付け加えさせていただきました。

2001年9月

森　哲弥

★両面バランスボード★

　裏表両面が使え，基部のカーブの曲率が変えてあるために2通りの揺れ方ができます。カーブの作図法は「円に内接する線分の垂直二等分線はその円の中心を通る」という幾何学の定理を応用すれば与えられた四角形内に無駄なく円弧を描くことができます（図1参照）。

（材料）
20㎜合板：900×1800㎜を1枚，900×900㎜を1枚。40㎜角材：600㎜を8本。20×40㎜角材：800㎜を4本。釘。

（道具）
ジグソー。ドリル。ディスクサンダー。金づち。かんな。
木取り描線画用：凧糸。巻尺。差し金。

❀　つくりかた
① 合板と角材に木取り描線をひく（合板：図2，角材：図3参照）。円弧は図1の要領で描く。
② 図4の完成図のとおりに組み立てる。
③ かんなと粗目のサンダーで面取りをし，人の体が触れる部分に細か目のサンダーをかける。

図1　円弧の描き方
① ADの垂直二等分線PEを描き，それをFまで延長する。
② PCの垂直二等分線を描き，PFとの交点をOとする。
③ BOまたはPOを半径とする円を描けば，その線はB，P，Cを通り弧BPCが描ける。

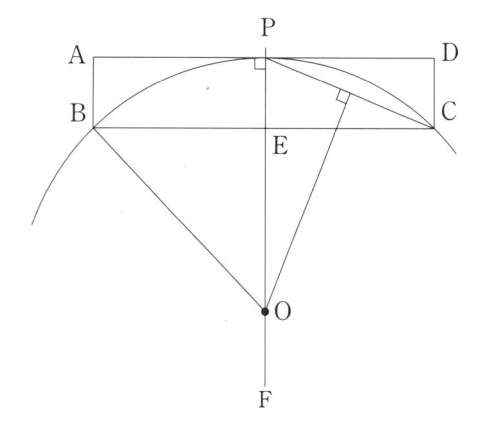

図2　合板（厚さ20mm）の木取り

※単位：mm

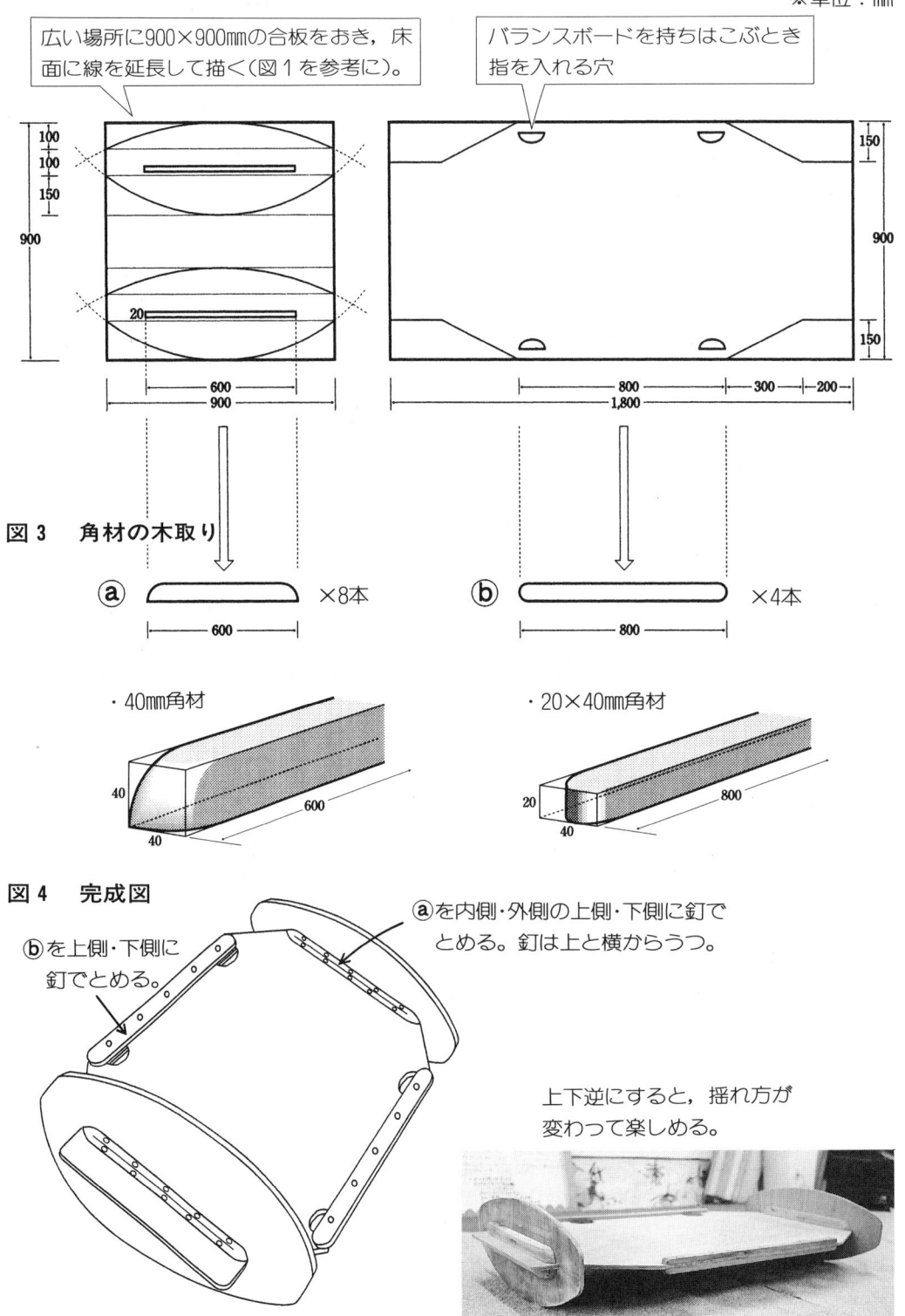

広い場所に900×900mmの合板をおき，床面に線を延長して描く（図1を参考に）。

バランスボードを持ちはこぶとき指を入れる穴

100
100
150
900
20
600
900

150
900
150
800　300　200
1,800

図3　角材の木取り

ⓐ ×8本
600

・40mm角材
40
40
600

ⓑ ×4本
800

・20×40mm角材
20
40
800

図4　完成図

ⓑを上側・下側に釘でとめる。

ⓐを内側・外側の上側・下側に釘でとめる。釘は上と横からうつ。

上下逆にすると，揺れ方が変わって楽しめる。

iv

はじめに

　障害児といわれている子どもたちといかに関わりをもち，育てていくかということは，人類全体に課せられた宿題です。そして，その「関わり」や「育てる」ことを職業として選んだ人は，その宿題を他の人々よりちょっぴり多くやらなければなりません。

　あなたもきっと，「ちょっと多めに出された宿題」のために日々活躍していらっしゃることでしょう。この本の目的は，あなたにその宿題のヒントをそっと小声でささやくことです。

　子どもたちの手に多くのものを触れさせること，また，その機会をつくり出すことを主眼としています。とくに障害の重い子どもたちは，動きも少なく，多くは自分からは何もしようとしません。こういう子どもたちには，こちらからの強い働きかけが必要です。その働きかけの方法として，教具や遊具，玩具などをとりあげてみました。

　わたしは，教具や遊具，玩具などをつくったり，使ったりするにあたって，根本的な考えを4つもっています。

(1)　教具（以下，遊具，玩具をも含めて）には，子どもたちがそれで何かしたくなるような気をおこさせる誘発性と，指導者がそれを使って子どもたちに何かさせようとか，遊ばせようと思わせる誘発性がなければならない。

(2)　教具は，決して指導者から子どもたちへ一方通行のように与えるものではなく，子どもたちと指導者が経験を共有するための道具でなければならない。

(3)　教具は，活動場面の強化（強く印象づけること）に役立つとともに，活動にたいする構えを身につけさせること，活動場面を転換させることに役立たなければならない。

(4) 自作の教具は，指導者の，活動場面への自我関与を強化する。

　これらの4つのことがらは，わたしが〈びわこ学園〉で子どもたちと生活し，教具づくりをしてきたなかでじわじわとわかってきたことです。ですから，あなたにもじわじわ伝わっていくでしょう。

　この本には，教具づくりの動機，どういう子どものためのものか，アイデアをどうくみたてたか，どうしてつくるのか，使い方はどうするのかというようなことが書かれています。しかし，あなたにいちばん伝えたいことは，教具のつくり方ではなく，アイデアをどうくみたてていったか，つまり教具をつくる以前の構想のプロセスなのです。教具のつくり方はアイデアの森の中の一本の限られた木にすぎません。着眼点や発想のしかたや構想のねり方のヒントが得られれば，あなたの手は身近な子どもたちのいろいろな条件にかなった教具をひとりでにつくりはじめることでしょう。

　わたしは以前，『びわこ雑記帳』という冊子を私家版で出しました。これは〈びわこ学園〉で働く若い人向けに書いた教具やあそび方の手引書です。これが知らぬ間に人から人へと伝わり，さまざまな経過を経て，内容を整理し，新しい項目をつけ加えたりして書きなおしたのがこの本です。ですから，あつかっている内容は障害の重い子どもたちが対象になっています。障害の軽い子ども向けの教具の本はかなり出回っていますが，重い子ども向けの本は少ないように思います。障害の重い子どもは行動の自由度が少ないために教具自体に強力なオリエンテーション（方針，方向）がそなわっている必要があります。したがって障害の軽い子ども向けの教具をそっくりそのまま障害の重い子どもに使うことはできません。そんなことにも留意して読んでください。

　　1978年10月

　　　　　　　　　　　　　　　　　　　　　　　　森　　哲　　弥

もくじ

はじめに

① からだを動かす活動

シーソーアンドローラー	……	8
いか式つなひき	……	11
ハンド・フットボール	……	12
ピンポン	……	14
はいはい・ゴロゴロ競走	……	16
立体的紙やぶり	……	18
人間すごろく	……	19
レスリング，柔道，すもう	……	22
ボウリングをたのしく	……	24
砂あそび	……	26
棒体操	……	28
トランポリンアンドボール	……	30
ロープであそぼう	……	31
ロール・ブランコ	……	32
フレキシブル・チューブ	……	35
ピッチング・トレーナー	……	36
捕鯨船	……	39

散　歩　の　用　意　　　……　42
　　　玉　　入　　れ　　　　　……　44
　　　ドラムカンアンドマット　　……　47

❷　手　仕　事

　　　は　た　お　り　　　　　……　50
　　　カレンダーづくり　　　　　……　55
　　　ぞうきん縫製機　　　　　　……　58
　　　紙粘土をつかって　その1　……　62
　　　　の　れ　ん
　　　紙粘土をつかって　その2　……　65
　　　　ペンダント／ブローチ／花びんしき／
　　　　クリスマス・デコレーション
　　　紙粘土をつかって　その3　……　68
　　　　素材そのものの製品化
　　　木　　工　その1　　　　　……　70
　　　　カーペンター・ワゴン
　　　木　　工　その2　　　　　……　73
　　　　木工作業の実践
　　　スケッチブック，メモ帳をつくろう……　75

❸　造　形　活　動

　　　ローラー・ペインティング　……　78
　　　フロッタージュ画法　　　　……　81

もくじ

クリーム画	……	84
あきかんローラー版画	……	86
スチロール版画	……	88
粘土版画	……	90
木の葉の版画	……	91
布貼り絵	……	92
なんでもスタンプ	……	95
風　　　絵	……	96
箱　絵　塔	……	98
クシャクシャ	……	101
ひっかき絵	……	102
紙粘土モビール	……	104
紙粘土レリーフ	……	106
粘土工作の道具	……	108
せっけん彫刻	……	111

❹ 音楽，リズム，言語の活動

ゴ　ー　ゴ　ー	……	114
リスニングタイム	……	116
な　ま　演　奏	……	117
楽器あそび	……	118
手づくりの楽器をつくろう	……	120
紙　芝　居	……	124
ペープサート	……	129

エプロン劇場 …… 132
パクパク人形劇 …… 134
子どもたちが出演する劇 …… 136

❺　何気なく手をふれる

水 車 小 屋 …… 140
壁面ライオン …… 145
おもちゃづくりのポイント …… 149
おもちゃの要素 …… 151

あ と が き …… 155

イラスト・松 永 知 久
写真・田 中 敬 三・他

❶ からだを動かす活動

　からだを動かすことはいろいろな活動の基本です。どのような活動もつきつめれば筋肉と運動の反応よりなりたっているといえましょう。この章では，からだを動かすことそのものが目的である活動をとりあげてみました。ここではからだを動かすという意味をひろく解釈しています。からだ全体を動かす活動から指の運動まで含まれています。また，指導者がまったく他動的に動かす段階から，子どもたちが自分であそんだり，興味をもって活動に参加したりする段階まで含まれています。

　ここに紹介するボールもシーソーもピッチングトレーナーも，わたしはすべて教具の中に含めたいと思います。なぜなら，たとえば，ねたきりで動きの乏しい子をシーソーにのせてゆさぶり，いろいろな姿勢にたいする反応の機会を与えることは，その子にとっては基本的な教育であり，その道具としてのシーソーは教具であるといえるからです。

　私は，いろいろ教具を紹介する過程で，あなたに一つの問題を提起しておきたいと考えました。すなわち，「もし教具がなかったらこの活動はどう変わっていただろう」「はたしてこんな活動が生みだせただろうか」というようなことをこの章をお読みになっている途中でふと思いおこしてほしいと思います。そしてもう少し発展させて，「わたしの担当している子どもたちの活動に新しい教具を加えるとしたらどんなのがいいかしら，それを加えることによってどんなに変わってくるかしら」などと，あなたご自身の問題意識をもっていただきたいと思います。

シーソーアンドローラー

❀ きっかけ
　たたみの上にねさせておけば一日中でもそのままでいる子，動きの非常にとぼしい子，活発なこと，動くことはすきだが自分では動けない子，そんな子どもたちとあそぶものがつくれないかと考えました。

❀ アイデア
　シーソーやブランコをつくりかえることをまず考えました。でもどこででもあそべるほうがいい。簡単に移動するには？　車をつけよう。シーソーに車をつけよう。リヤカー，大八車。大八車はまさに動くシーソーだ。ということで，広い板の下に車をつけて移動できるシーソー，名づけてシーソーアンドローラーをつくりました。車がついているので普通のシーソーとはちがったいろいろなあそびがひろがります。

❀ 姿　勢
　かたむいたり，回ったり，前後左右に動いたりで，ふだん経験できないような姿勢を経験させることができます。
　いろいろな姿勢のときの子どもたちの動きをよくみましょう。表情の観察をしましょう。ものをもたせてみましょう。
　目かくしをしたらどうなるでしょう。鏡の前で動かすと表情がどんなにかわるでしょうか。

❀ 一体感
　子どもたちをかかえてのったり，ロープをひっぱったりするときのズッシリした手応えは，いつもは動きも言葉もないので疎遠になりがちな子どもたちと指導者の一体感をうみだします。

（材料）
12mmベニヤ板1枚。40×40mm角材。30×80mm角材。20×40mm角材。廃棄処分の車椅子のキャスター2個。7〜8mm径の鉄棒。太いロープ。くぎ。

（道具）
のこぎり。回し引きのこぎり（またはジグソー）。金切のこぎり。かなづち。ドリル。かんな。クリコポール。

1　からだを動かす活動

✿ つくりかた

① ベニヤ板の角を丸味をつけて切りおとし，垂木を図のような配置にくぎづけする。

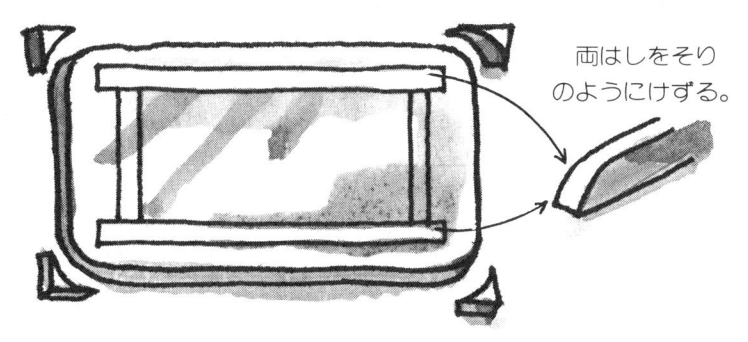

両はしをそりのようにけずる。

② 30×80mmの角材をキャスターの大きさに合わせて下のように切り，鉄棒が回転できるくらいの穴をあける。

4個つくる。

③ ②を下のように板にとりつける。鉄棒を切り，車軸をつくる。②に車軸をはめ，キャスターを通す。半垂木でつくったふたをつける。

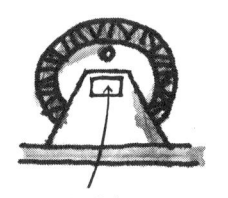

半垂木でつくったふた

✿ あそびかた（いろいろなあそびかたをくふうしましょう）

⑦ 直線的にひっぱる。

④ 前後にひっぱる。

㋒ 同じ位置で左右に動かす。

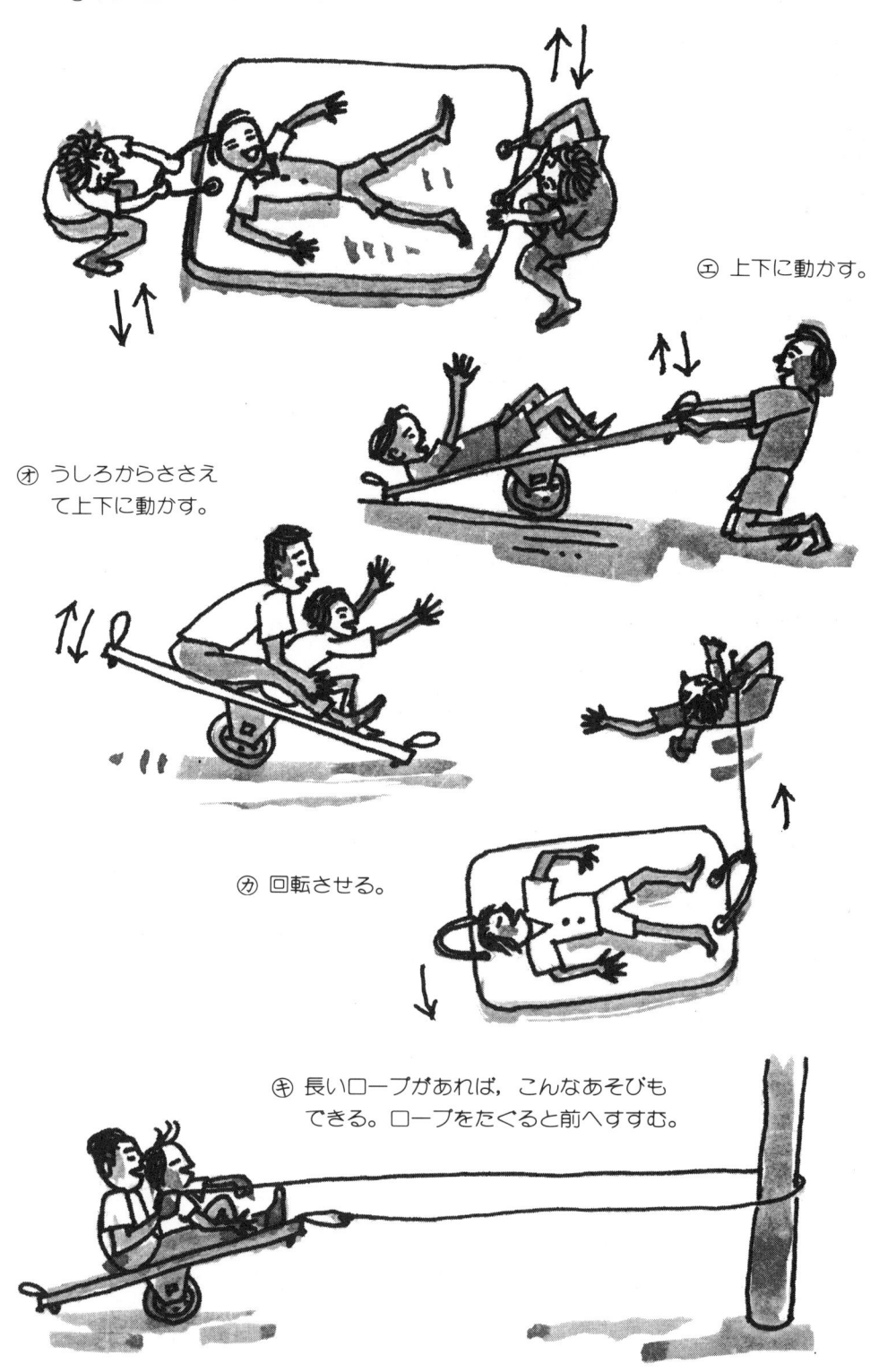

㋓ 上下に動かす。

㋔ うしろからささえて上下に動かす。

㋕ 回転させる。

㋖ 長いロープがあれば、こんなあそびもできる。ロープをたぐると前へすすむ。

いか式つなひき

❀ **きっかけ**

運動会などではいつも行なっているつなひきですが，一本のロープにみんながよってひっぱりあうのはむずかしいことです。いつもはみ出しっ子が出てきます。また，ロープの感触をきらう子にロープをにぎらせることはできません。なんとかならないでしょうか。

❀ **アイデア**

つなひきは一本のロープでという固定した考えを抱いていては問題は解決しません。つなひきのロープが何本にも枝わかれしていたっていいじゃありませんか。

❀ **自由な姿勢で**

ロープの数をふやすことによってつなひきは線から面にひろがり，ゆったりと競技ができます。自分のいちばん力のはいる姿勢でつなひきができます。

❀ **いろいろなものを握る**

枝わかれしたロープの先，あるいは途中にプラスチックのフープや木や竹や自転車のチューブやゴム管などをとりつけて，子どもたちに握らせます。

（材料）
太いロープ（メインロープ）。少しほそいロープ。木ぎれ。フープ。チューブ。ゴム管。竹。その他。

ハンド・フットボール

❀　**きっかけ**

　一つのボールをみんなでつかってあそぶのはたのしいことです。バレーボールとか，ハンドボールとか，サッカーなどの体の限定された部分をつかうゲームはむずかしいので，とにかく手や足や体のあらゆるところをつかってゴールにボールを入れてあそぼうとしたのがきっかけです。だからハンド・フットボール。

❀　**アイデア**

　広い場所とボールさえあればできるのですが，やはりゴールをつくる方がいいと思います。ダンボールに網目をマジックインキで描くというのも一つの方法でしょう。けれども本もののネットをつかってゴールをつくれないものでしょうか。ネットを新しく買うのは大変ですね。調理場へ行ってごらんなさい。たまねぎを入れるのにつかった赤いネットの袋がありますね。あれをつかいましょう。

❀　**場の設営**

　いろいろな活動をするには場の設営がたいせつです。もちろんボールあそびとて例外ではありません。ボールあそびならボール一個あればいいというのではなく，臨場感をもりあげるようなもの，ホイッスルやスコアボードやチーム別のはちまきなどを用意した方がいいと思います。

❀　**みんなで**

　ルールはその時その時の状況によって決めますが，だいたいハンドボールやサッカーの要領で行ないます。ルールのわかる子はごくわずかで，時にはまったくわからない子どもばかりの集団のこともあります。そんな時はおとなが二チームに分かれてゲームを展開し，その動きの中へ子どもたちをまきこむのです。

❀　**エキサイト**

　ゲームが白熱してくるとおとなも子どももエキサイトしてきます。心理感染でおとなから子どもへつたわるのです。この状況のたいせつさは，エキサイトすることによって子どもの動きが活発になり，ふだんは動かないと思っている筋肉も知らぬうちにつかっていることがあるからです。また，ふだんあまり声をださない子が声をだすという場面もみられます。

（材料）

12mmベニヤ板。針金（中ぐらいの太さと細いもの）。角材（20×40mm以上）。たまね

1　からだを動かす活動

ぎを入れるネット。くぎ。
（道具）
のこぎり。回し引きのこぎりまたはジグソー。ペンチ。ドリル。

❀　ゴールのつくりかた

① ベニヤ板を図のように切り、穴をあける。

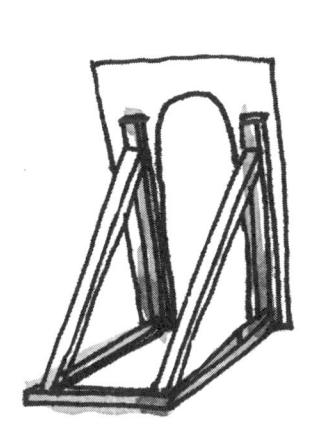

② 角材をつかって①を立つようにする。

③ ①の小穴に玉ネギ入れのネットをはる。

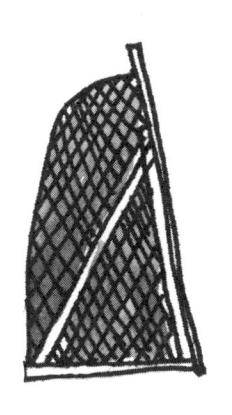

できあがり

ピンポン

❀　きっかけ

　忙中閑あり。いそがしい毎日ですが，ふと，時間のあくことがあります。こんな時はマンツーマンで何かしてあそびたいと思います。道具さえあればせまい場所でもすぐできるもの。ピンポンを思いつきました。

❀　ルール

　台はあってもなくてもやれます。たたみの上でもどこでも。ベニヤ板一枚あれば上等。玉はゴムボールをつかいます。バウンドさせずにラケットにあててころがします。相手をせめるというより，ころがってきたボールをラケットにあてるというところにポイントをおきます。

❀　ラケットのアイデア

　指先が器用にうごかない子が多いのでペンホルダー・グリップは無理ですから，シェークハンド・グリップを考えましょう。子どもたちには次のような制約があります。(イ)動作がおそい。(ロ)力がよわい。(ハ)手首が自由に動かない。(イ)のためにはラケットを大きくしなければなりません。しかし，普通の型のラケットを大きくすると力点と作用点の距離が長くなり(ロ)(ハ)には不都合になります。ラケットを大きくした分の力のロスをなくすには，力点と作用点の間をつめることが必要です。これは盾形にすることによって解決できます。盾形にすれば，手首がかえらなくてもおしだすだけでボールにラケットをあてることができます。

❀　機能訓練

　ピンポンをするには，まずラケットをしっかり握らなければなりません。よくみると，おや指と他の指がうまく対向していない子が多くいます。こういう子どもには取手を正しく握らせることによって対向の訓練ができるのではないでしょうか。また，ころがってくるボールにラケットをあてることは眼と手の協応動作の訓練にもなります。

（材料）
ベニヤ板あるいは棚板（8mm以上）。モップの柄。40×40mm角材。くぎ。
（道具）
のこぎり。回し引きのこぎり。かんな。かなづち。

1 からだを動かす活動

✿ ラケットのつくりかた

① 板を図のように切る。
18cm
25cm

② 取手の支柱を2個つくる。

③ 取手になる棒をつくる。

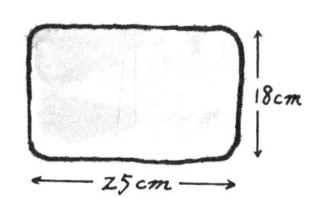

④ ①に支柱と取手をつけてできあがり。

はいはい・ゴロゴロ競走

❀　**きっかけ**

　歩くことはできませんが，いざったり，はいはいしたり，ゴロゴロころがることはできる子どもたちがいます。そういう子どもたちに，ころがったり，いざったり，はいはいしたりする運動を意欲的にやってもらおうというのがこの活動のきっかけです。

❀　**演出効果**

　ふだん自分からはあまり積極的に動こうとしない子どもたちですから，それなりの演出効果をたかめて意欲を喚起することが望まれます。別の子どもたちで応援団をつくるとか，応援用の大うちわをつくるとか，はちまきやゼッケンをそろえるとか，スタートやゴールのポールをたてるとか，とにかく「やってるんだ」という気持をおこさせるように場をつくることがたいせつです。

❀　**相手を意識する**

　けんかをすることも少ない子どもたちですので，ふだん相手という意識はあまりもっていないように思えます。競争的事態を設定することにより自分と相手という意識がうまれるのではないでしょうか。

❀　**順序がわかる**

　ものごとのあとさきの感じがわかる機会になります。

❀　**便秘の解消**

　ふだんあまり動かない子は運動不足になって便秘になりがちですが，ゴロゴロころがる運動は臓器を刺激して便秘の解消に役立つように思います。

❀　**アイデア**

　古い回転椅子の台の部分をポールの台にします。運動会用の既製品もありますが機能的にはまったくかわりませんので廃物を利用しましょう。

（応援用大うちわの材料）
竹。たこ糸。ボール紙。ポスターカラー。のり。
　（スタート，ゴールのポールの材料）
回転椅子の台。40×40mm角材。5mmベニヤ板。色画用紙。ペンキ。のり。

1　からだを動かす活動

❀　大うちわのつくりかた

① 図のように竹を組む。

② ボール紙2枚で竹をはさみ，のりづけする。

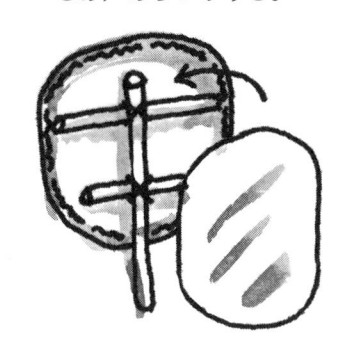

③ たこ糸で骨組みとボール紙を固定する。

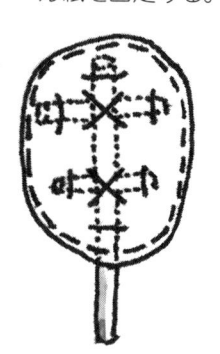

❀　ポールのつくりかた

① ベニヤ板を切る。

② 板に半垂木を取りつける。板の両面に色画紙をはり，その上に紙を切りぬいてつくった文字をはる。

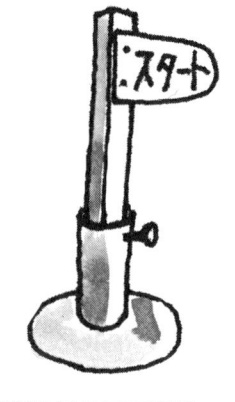

③ 回転椅子の足に取りつけてできあがり。

立体的紙やぶり

❀ きっかけ
　重度の子どもたちとのあそびのレパートリーにいつもはいっているのは指先のよい運動にもなる「紙やぶり」です。しかし，いつもいつも新聞紙をドサリとおいてというパターンをかえてみたらどうでしょうか。

❀ アイデア
　オルゴールメリーというおもちゃがあります。赤ちゃんは手をのばしてそれにふれようとします。紙やぶりをこういう形態でやったらまた新しい展開があるのではないかと考えます。洗濯物をほすリングがヒントです。これには洗濯ばさみがたくさんついていて，新聞紙でもグラビアでも即座にすきなところへぶらさげられます。

❀ 手にふれる
　なにもしていない手に，上から紙がそっとふれます。そこで，紙をつかんだり，手をうごかしたりするチャンスがうまれます。

❀ よことたて
　ふつうの紙やぶりは下においた紙に手のひらを床に対して平行にもっていくという動作が主流を占めますが，紙をたてにつるすことにより，手のひらの方向は床に対して垂直になります。このように同じ教材を使ってもその与え方をかえることによって，子どもたちの動作を自然のうちにかえることができます。

❀ 装置をつくる
（材料）
自転車または車椅子のリム。細いロープ。たこ糸。洗濯ばさみ。針金。ヒートンまたは洋灯つり。リムがない時は細い角材や竹の棒に洗濯ばさみをとりつければよいでしょう。

人間すごろく

❀ きっかけ
「はいはい・ゴロゴロ競走」はいわば線的な活動です。これをひろがりのある面の活動にかえ，同時にゲームもしようというのがこの遊びです。

❀ アイデア
競馬をもじったダービーゲームというのがあります。これはほんものの馬がプラスチックの馬にかわったものです。これをヒントに，すごろくのこまを人間にかえてみました。また，ふつうのさいころは使わないことにしました。ころがしにくいからです。次の三つのものをさいころのかわりに使います。普通のさいころは1から6までありますが，これらはすべて1から3までにします。

(1) あきかんさいころ（あきかんに数字をはる）
(2) ルーレット。
(3) 王冠つかみ。

(1)の「あきかんさいころ」は，あきかんに数字を書いた紙をはって，ころがして上に出た数字をよみます。あきかんはすこしの力でよくころがるので力のよわい子にこれを使います。(2)の「ルーレット」は，くるくるまわるものに興味をもちそうな子に使います。(3)の「王冠つかみ」は，ビールや清涼飲料水の王冠の内側に，赤，緑，黄のクレパスを各色五個ぐらいずつぬります。それを口のしまる布袋の中に入れ，その中に手を入れさせて王冠をつかみ出させます。あらかじめ，赤は3，緑は2，黄は1というように決めておき，つかみ出した王冠の中でいちばん多かった色に対応している数だけすすみます。たとえば六個つかみ出した場合，赤が一個，緑が二個，黄色が三個であれば一コマすすむということになります。袋の中のものを出すのは子どもたちにとって興味深いことでしょう。

❀ すごろくのつくりかた
「ふり出し」から「上がり」までの絵は，かえるの卵がおたまじゃくしになりかえるになるまでとか，種から芽がでて花がさき，実がなるまでとか発展的要素をもりこんでいろいろくふうしてください。「ふり出しへもどる」とか「2つもどる」とかの後退的なものはさけた方がいいように思います。ゲームはあまり複雑にならないようにしましょう。

（材料）
5mmベニヤ板またはダンボール。荷づくり用ひも。ポスターカラー。ニス。

（道具）

回し引きのこぎりまたはジグソー。絵筆。はけ。サンドペーパー。

① ベニヤ板を丸く切り，サンドペーパーで表面をみがく。2個所に穴をあける。

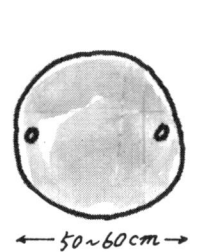

② ポスターカラーで絵をかき，ニスをかける。

③ ひもでつないでできあがり。

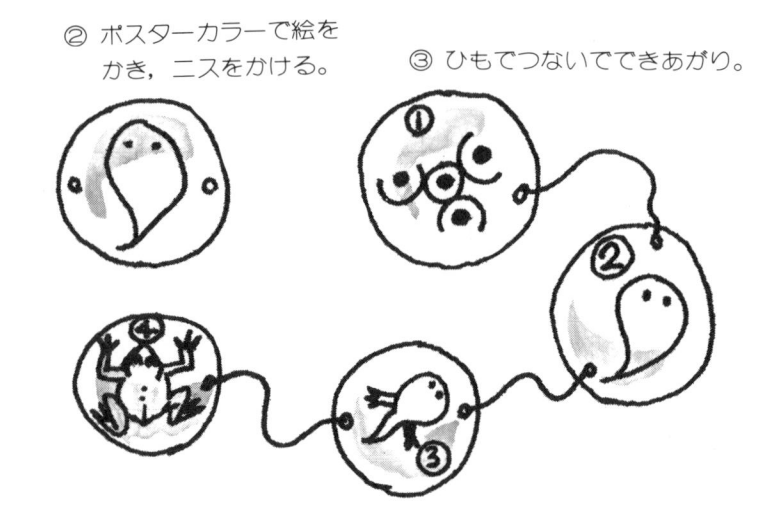

← 50〜60cm →

❀ あきかんさいころのつくりかた

（材料）

あきかん（できるだけ大きいもの）。色画紙。のり。

① あきかんに色画紙をはる。

② 1〜3までの数字を色画紙で切りぬく。

③ 数字をあきかんの上にはるとできあがり。

❀ ルーレットのつくりかた

（材料）

8mm以上の板。10×10mm角材。細い竹。糸。くぎ。

① 画用紙を丸く切って6等分し，3色でぬりわける。

② ①に数字をかきこんで，板にはる。

③ 竹を図のようにけずって穴をあけ，糸とくぎをつける。回転するように角材の上にとりつける。

④ ③を②の中央にとりつけるとできあがり。

❀ 王冠つかみのつくりかた

（材料）

手がすっぽりはいる布袋。王冠。クレパス。

① 王冠を3の倍数分用意する。任意の3色で等分にぬる。クレパスを使用。

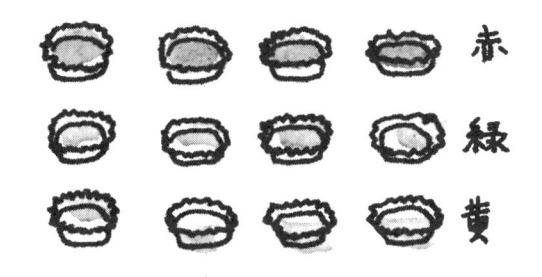

赤
緑
黄

② ①を袋に入れてできあがり。

❀ あそびかた

　プレールームや戸外の広いところであそびましょう。すごろくのコマをつなぐひもの長さをかえれば，場所の広さ，子どもたちの数に応じた形態をつくりだせます。

レスリング，柔道，すもう

❀　**きっかけ**

　プロレスやすもうの実況中継をみている子どもたちがよくいます。動きがはげしくて見ているだけでも楽しいでしょうが，ひとつ子どもたちととっくみあいをやってみてはいかがですか。

❀　**道具だて**

　演出効果や場の設営のたいせつさについてはすでにのべてきましたが，ここでも同じことがいえます。レスリング，柔道，すもうと区別して書きましたが，結果的にはほとんど区別がないのです。たださまざまに状況を変化させて子どもたちに興味をもたせることがたいせつです。だからレスリングならレスリングの，柔道なら柔道の，すもうならすもうの道具だてが必要です。

❀　**アイデア**

　古だたみにちょっと手を加えることによってリングや土俵ができます。

❀　**稽古着着用の利点**

　子どもたちに柔道の稽古着を着せてごらんなさい。とてもりりしくみえます。もちろんあなたも稽古着をつけなくてはいけません。稽古着着用の利点をあげてみましょう。

(1)　誇りをもたせます。（やわらちゃんも着ているよ。）

(2)　心理的かまえをつくる。稽古着をつけることによってこれからやるんだという気がまえをおこさせます。子どもたちは，着ているものがふだんとちがう点に興味をもち，稽古着がじかに肌にふれるという新しい皮膚感覚からもかまえを強化することができます。

(3)　統制。重度の子どもをひとりで一度にたくさんうけもつことはむずかしく，ましてや同じ動作をくりかえしさせることは至難のわざですが，稽古着をつけることによって統制しやすくなります。

(4)　腕立て伏せなど，それだけをやらせようとしてもなかなかのってこないのですが，稽古着をつけ，柔道の練習の一環としてイメージアップするといやがらずにやります。

(5)　介助しやすい。たとえば左右の横転を練習させる時，頭の方から子どもの稽古着の両肩をつかんで左右にまわせば楽に介助できます。

1　からだを動かす活動

❀　リングのつくりかた

（材料）

40×40mm角材。5mmベニヤ板。ロープ。古だたみ。

① リングのコーナーをつくる。
　　丸くけずる
　　5mmベニヤ板
　　この上にたたみをのせる

② たたみの下に敷いてロープをはるとできあがり。

❀　土俵のつくりかた

（材料）

あらなわ。古だたみ。ガムテープ。たたみ糸または水糸。

① 古だたみ3枚をならべ，上に楕円形をかく。

② たたみをはなし，楕円にそってあらなわをガムテープでとめる。

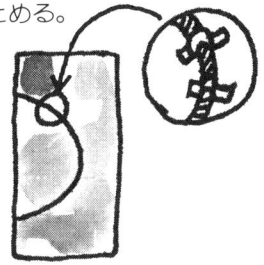

③ たたみ糸とたたみ針をつかってあらなわをたたみにぬいつける。①のうら側にも線をかいておくとぬいやすい。ぬいつけたあとガムテープをはがしてできあがり。

❀　軍配うちわのつくりかた

（材料）

5mmベニヤ板。10×10mm角材。細ひも。

① 新聞紙を2つに折って軍配の右または左半分の絵をかいて切りぬく。

② ベニヤ板に①の形をうつして切りぬく。

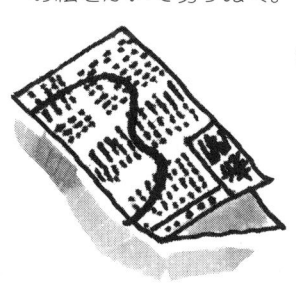

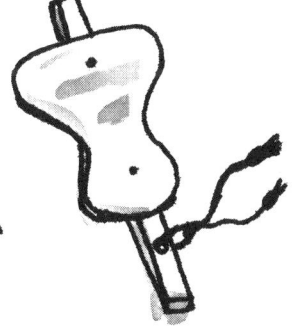

③ 穴をあけてひもを通した細い木に②をうちつける。

ボウリングをたのしく

❁ きっかけ

　ひところボウリングが大変流行しました。どこの施設にも子ども用のボウリングセットは残っているのではないでしょうか。そのように，身近にあるものが新しい活動のきっかけになることがあります。

❁ アイデア

　子どもたちにとってボウリングとはなにかということをよく考えましょう。おとなのように点数や技術を競うということはまずないでしょう。子どもたちにとってはボールをころがし，それによってピンがたおれる，つまり行為とそれに対する反応が意味をもつでしょう。いろいろ分析しますと，重度の子どもたちのためには行為に対する反応の頻度が高い様式のあそびをえらぶのがよいでしょう。ボウリングの場合，ピンを三角形に並べるよりも，子どもたちのまわりにおいたほうがいいのではないかと思います。また行為に対する反応の多様性としてとらえれば，ピンがたおれるという反応を，つってあるピンがゆれうごくという反応に変えてもいいのではないでしょうか。いやそればかりではなく，音が出るというような聴覚的な反応だって考えられます。

❁ ピンのおきかた

　図のように子どものそばに直線上にならべたり，まるくとりかこんだりします。ボールをころがすのにせいいっぱいの子どもが多いので姿勢のちょっとした変化または力の入れぐあいによってどこへころがっていくかわかりません。だからできるだけころがったボールがピンにあたりやすいようにします。

❀ つりボウリングのつくりかた

（材料）

5～10mmベニヤ板。細いロープ。40×20mm角材。ポスターカラー。ニス。接着剤。鈴。くぎ。たこ糸。

（道具）

ジグソーまたは回し引きのこぎり。のこぎり。かなづち。かんな。クリコボール。ドリル。絵筆。はけ。

顔のつくりかた（ライオンの場合）

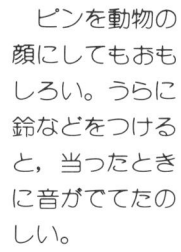

① 10mmぐらいの板に円をかき，顔の下絵をかく。
② 眼はクリコボールで，口は糸のこ，ほそ引き，またはジグソーで切りぬく。顔のりんかくも切りぬく。 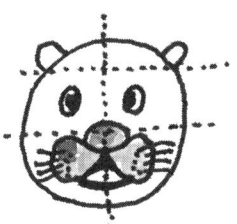 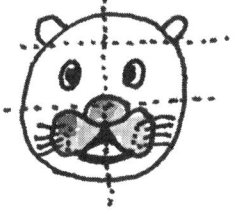
③ 10mm板で鼻を切りぬく。 
④ ほおを3～5mmベニヤ板でつくる。 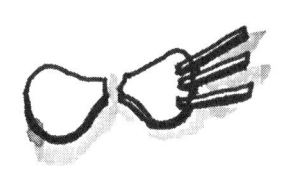
⑤ 鼻とほおをボンドでつける。
⑥ 5mmベニヤ板に顔のりんかくをうつしとり，楕円を基本にしてたてがみをかいて切りぬく。  
⑦ たてがみに顔をつけてできあがり。

ピンを動物の顔にしてもおもしろい。うらに鈴などをつけると，当ったときに音がでてたのしい。

砂あそび

❀ あそびの展開

　砂場があり，そこで子どもたちがあそんでいる。こんな風景はどこででもみられます。砂あそびのすきな子はいつも同じパターンであそび，関心のない子は見向きもしません。そこで，砂あそびのすきな子にはいつもとちがったあそびをさせ，関心のない子には関心をもたせるようなあそびの展開ができないものかと考えました。

❀ 発掘あそび

　密閉ができて，多少の重さにもたえられる容器（のりやミルクのかん）に，あめ玉，あるいはビスケットなどを入れて，子どもたちの見ている前で深く砂にうめこみ，子どもたちに掘りおこしてもらいます。でてきたあめ玉はみんなでたべます。砂をほることは指先の力をつけることにもつながりますし，上肢の筋肉を多くつかいます。掘り出したあめ玉やビスケットをたべるのは子どもたちにとってきっとたのしいことでしょう。

❀ スコップとバケツをつくろう

　砂あそびも道具があればいっそうたのしくなります。また道具に誘発された新しいあそびが展開するかもしれません。ここでは孟宗竹を素材にしてつくったスコップのいろいろと，あきかんでつくるバケツを紹介しましょう。

スコップ

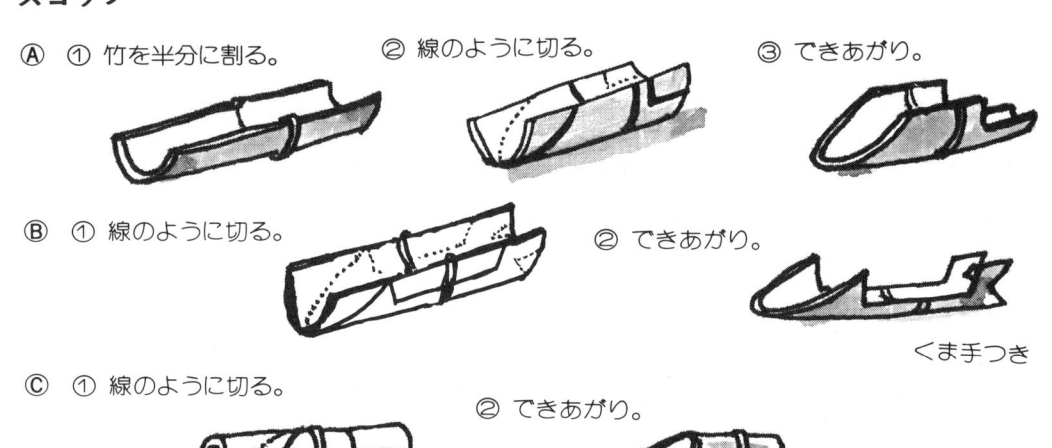

Ⓐ　① 竹を半分に割る。　② 線のように切る。　③ できあがり。

Ⓑ　① 線のように切る。　② できあがり。

くま手つき

Ⓒ　① 線のように切る。　② できあがり。

スコップと容器をかねている。

D ① 線のように切る。

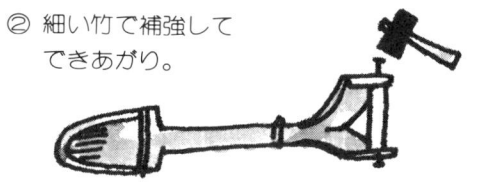

② 細い竹で補強して
できあがり。

バケツ

① 空かんに，取手をつける穴を2箇所あける。

② 竹にはりがねを通し，空かんにつける。

❀ 砂場用道具収納庫をつくろう

　竹のスコップやあきかんのバケツは，雨ざらしにしておくとすぐだめになります。そして何よりも散逸しやすいものです。そこで収納庫をつくったらどうでしょうか。これをつくると，その中へいらなくなった玉じゃくしや鍋なども入れておいて砂あそびに使えます。

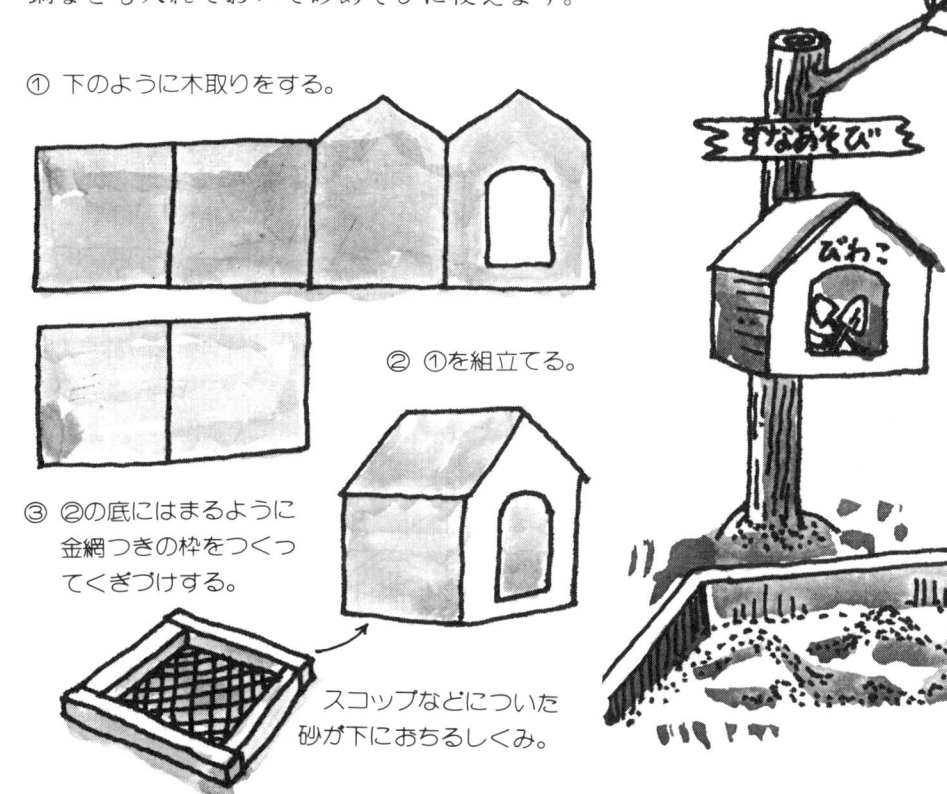

① 下のように木取りをする。

② ①を組立てる。

③ ②の底にはまるように金網つきの枠をつくってくぎづけする。

スコップなどについた砂が下におちるしくみ。

棒 体 操

❀ **きっかけ**

　ものを握る力の強い子がいます。またものを握ったりひっぱったりするのがすきな子もいます。彼らとつきあっているなかでポケットをひっぱられたとか，セーターをひっぱられたという経験はあなたにもおありでしょう。そのような子どもたちのふるまいを"公認"してすきなだけ力いっぱいやらせてみようとしたのがこの棒体操のきっかけです。

❀ **方　法**

　木でも竹でもよいので，じゅうぶん荷重にたえられる棒を一本用意します。図のように両端を二人で支え，その間に子どもをぶらさがらせます。その子の力量をよくおしはかって，上半身だけとか，ひざまでとか，身長いっぱいとか高さをかえます。立つことも，おすわりもできない子の場合，自分の腕だけで体を支えたよろこびを感じることでしょう。

❁ 注　意

　介助者に相当の力が要求されます。子どもたちは，力がつきるまで棒をにぎっていますのでおちる時の体勢をとってくれません。ぶらさがっているか，手をはなしておちるかです。上半身ぐらいの時は心配はないですがひざ立ち以上になるとおちた時に頭をうったりしますので，あらかじめ下にふとんをしいておくとか，表情をみて苦しそうになったら棒をおろすとかの注意が必要です。また手のおや指と他の指が対向していない時がよくありますので，しっかりと正しいにぎり方をおぼえさせましょう。

❁ アイデア

　昨今はどこも人手不足で，一人の子どもに二人がつくという上のような棒体操はなかなかできません。そこで図のような省力化の装置を考えました。もちろん上の棒体操のようなダイナミックさはのぞめませんが，腕や肩の筋肉の強化，腹筋の強化または把持訓練にはじゅうぶんに役立つでしょう。そしてこの装置のいちばんいいところは自主トレーニングができることです。

　この装置は重力を利用したものでかなり大がかりになりますが，エキスパンダーのスプリングなどが利用できればもっとスマートなトレーニングマシンができるでしょう。

図では，丸太の重心に結んでもち上げているが，結ぶ位置を移動すれば，ひっぱる重さをいろいろにかえられる。

トランポリンアンドボール

❀ きっかけ

　ある日のことでした。トランポリンにのってあそんでいる子どものところへバレーボールがとんできました。その子はボールを手や足をつかって払いのけますが重みで斜面になっていますのでボールはまたころがってきます。足で蹴ったボールが頭にきたり，手でおしやったボールが足のところにころがってきたりして，その子はよろこんであそんでいました。

❀ くみあわせ

　トランポリンとバレーボールはふつうの状態であればそれぞれあまり関係はありません。けれどもそれがくみあわされることによって，バレーボールでもないトランポリンでもない別のあそびの世界が展開するのです。少数の教具も新しいくみあわせを考えることによって二倍にも三倍にも広く活用できるものです。その実例は，注意してこの本をおよみくだされば他にも発見できるとおもいます。たとえば後に紹介する「ロール・ブランコ」は，訓練用のロールとロープのコンビネーションの好例といえましょう。

❀ あそびかた

　子どもの重みでへこんだところへころがっていったボールを手足をつかってはらいのけてあそびます。ふだん動きの少ない，ねころんでいることが多い子どもたちにはたのしいあそびとなるでしょう。

ロープであそぼう

❀ きっかけ
歩行訓練用に部屋のなかに張った一本のロープ。これがまた意外なあそびにひろがりました。

❀ あそびかた
部屋またはプレールームにロープを張ります。準備としてはただそれだけです。子どもたちはそれによりかかったり，ゆすったり，ねそべって足だけひっかけたりしてあそびます。ロープは歩行訓練には欠かせない素材です。というのは，つたいあるきにつかう棒は支えにしているものがしっかりしていますが，ロープはゆれます。からだ全体のバランスをうまくとらないと上手にあるけないし，気もちをおちつかせないと尻もちをついたりします。ロープは訓練に困難度をプラスする役割をになっているのです。底のぬけたドラムかんやフープなどにロープをとおして張っておくと輪くぐりやトンネルくぐりもできます。

ロール・ブランコ

❀　きっかけ

　ブランコは楽しい遊具ですが，手足の不自由な子どもたちにはむずかしくてのりにくい遊具です。けれどもなんとかしてブランコであそぶことはできないものでしょうか。

❀　アイデア

　まず，公園でたのしそうに少女がのっているブランコというような感覚的なイメージを頭から追いだしましょう。このようなイメージのブランコはからだの不自由な子どもをうけいれません。ブランコを「ブランコ」という言葉を使わずに考えてみましょう。そうすると「ロープかくさりを二本ぶらさげその間に板をとりつけ，その上にのってゆすってあそぶもの」ということになります。このように分析しますとくふうの余地もできてきて，からだの不自由な子どものためのブランコも何かできそうな気がします。
　新しい発想は言葉のかげにかくれた事物のインフォメーションを白日にさらすことからはじまるのです。ブランコの説明の「ロープの間にとりつけた板」の部分をくふうすればいいということになるでしょう。

❀　ロール・ブランコをつくろう

　手足の不自由な子，立ち上がれない子のブランコは図の①のようなゆりかご式ブランコでことたりると考えられます。しかし，ブランコというのは，「おっこちるかもしれない心配」がなければおもしろくないと思います。サスペンスの要素を加えましょう。どうすればいいのでしょうか。手足の不自由な子がふだん何の上にのっかって遊んでいるか考えると，訓練用のロールがうかび上がります。これをロープでつりさげて，その上に子どもたちをのせたのがロール・ブランコです。これをつかえばふだん機能訓練をやっているような気持ちでブランコにのれます。二人ぐらいの介助者がつくようにしましょう。ロールを図の②のようにロープでつるすとできあがりです。

1 からだを動かす活動

① ②

❀ ロールもつくろう

　市販のロールはスポンジがはいっていてビニール表装で色もきれいでのりごこちもよさそうに見えますが，からだの重い年長児にはへこみすぎて具合が悪い場合があります。ロール・ブランコを紹介したついでに手づくりの堅固なロールを紹介しましょう。

（材料）

不織布またはカーペット（廃物利用）。孟宗竹または塩化ビニールパイプ。いらなくなったふとんや毛布。荷作り用のひも。径7～10mmのロープ。接着剤。ガムテープ。

（道具）

はさみ。ドリル。

① 竹を芯にして毛布やふとんをまく。　　② 荷づくり用のひもでかたくしばる。

③ ②の直径をおおう大きさに不織布を切り，はしに8箇所穴をあける。2枚つくる。

④ ③で②の両はしをくるみ，穴にロープをかけてきつくしばる。

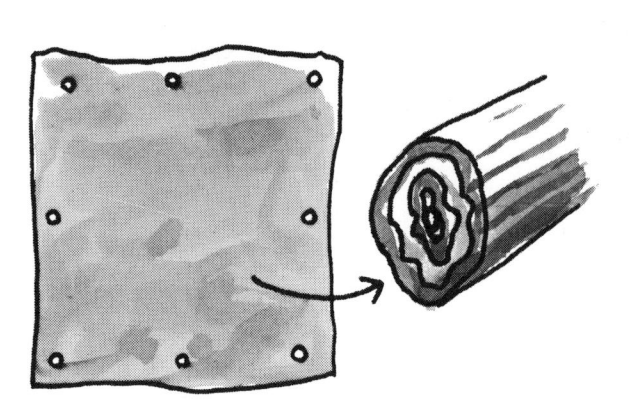

⑤ 不織布で④をまく。

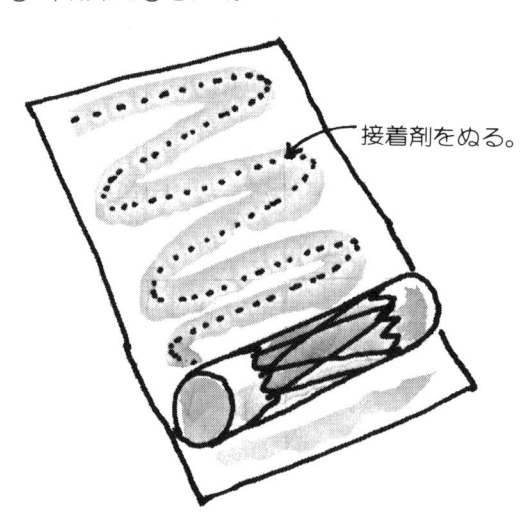

接着剤をぬる。

⑥ 合わせ目にガムテープをはり，両はしに4箇所穴をあける。（内側の接着剤が完全に乾いたらガムテープをはがす。）

⑦ ロープを十文字にかけてきつくしめるとできあがり。

フレキシブル・チューブ

❀ きっかけ

はりがねにはバネのように復元力のあるものもありますが、たいていのはりがねは、まがったらまがったまま、のびたらのびたままです。これをなにかに利用できないでしょうか。

❀ アイデア

はりがねのもつフレキシビリティ（柔軟性）を教具としてつかうには、まず安全性の配慮が必要です。そのためにビニールの細い管でおおうことを考えました。もう一つの問題ははりがねの弾性限界です。まげたりのばしたりすると、細いはりがねはすぐおれます。太いのにするとまがりにくくて用をたしません。そこで細いはりがねを数本よじって使うことにしました。

❀ 指の力をつける

まげたり、のばしたり、いろいろな形にしたりしているうちに指をつかい、指の力をつよめるのに役立ちます。

（材料）

はりがね（細いもの）。ビニール管（ガスゴム管よりずっと細いもの）。木片。

（道具）

ペンチ。ナイフ。

❀ つくりかた

① 細いはりがねをよじってたばねる。

② ①の両はしにビニールテープをまいて、ビニール管に入れる。

③ 両はしを熱して、ハンマーでたたいて口をふさぐとできあがり。

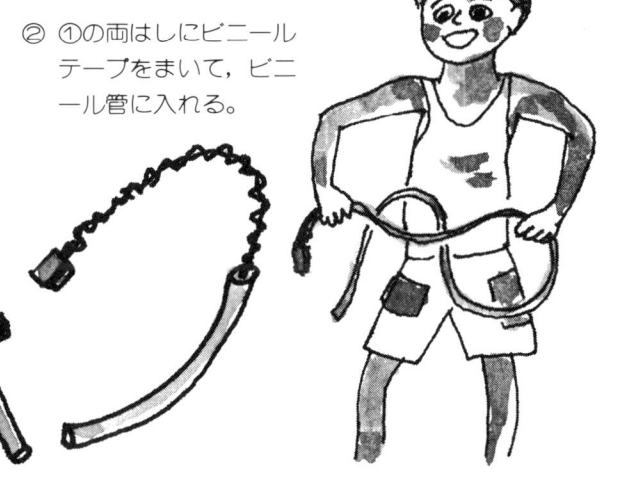

ピッチング・トレーナー

❀ きっかけ

　ある日のことでした。「野球の練習する機械つくって」と，ある子にせがまれました。くわしくきいてみると，「ピッチャーの練習をしたい」ということでした。私はとにかくひきうけました。

❀ アイデア

　ピッチングトレーナーというからには，投げたボールがストライクかボールかの区別がつくしかけがいります。最初は，一枚板のまん中にストライクゾーンを丸くくりぬいてネットをはり，ストライクになった時だけボールがネットにはいる簡単なものを考えました。しかし，これではストライクの時のシグナルがとてもよわいので，何か強いシグナルが出る方法はないかと考えました。ストライクの時だけ音が出たり（聴覚的シグナル），何か眼にみえるものが変ったり（視覚的シグナル）する方法はないかと考えました。電気の力をかりればなんでもないのですが，そんな大がかりなものにかける費用も時間もありません。しかし何かのエネルギーを使わないとシグナルはだせません。

　重力を利用しようと考えました。あきかんを台の上にのせてボールを当てるとカーンと音がしてあきかんがおっこちてみえなくなります。視覚的,聴覚的シグナルです。けれども，見えていたものが見えなくなるというのはシグナルとしてはやはり弱いものです。そこでボールが当たることによって新しい実体としてのシグナルが現れる方法を検討しました。ストライクゾーンのうしろに板がひっかけてあり，ボールを当てるとそれがはずれておち，板の上部に書かれている「ストライク」の文字がゾーンからのぞくしかけを考えました。

❀ 筋力をつける

　ものをなげることが動機づけられるために腕や肩の筋力の強化に役立ちます。ふだん，ものをなげたりすること，あるいはなげさせることはあまりありませんが，ピッチング・トレーナーを使えばそういう状況がつくりだせます。

❀ 対象注視

　ものにめがけてものをなげることは，対象を目的としてしっかりとらえる訓練ができ，遠い対象が介在した眼と手の協応動作をやしなう機会が得られます。

（材料）

10mmベニヤ板。5mmベニヤ板。40×20mm角材。40×40mm角材。ポスターカラー。ニス。くぎ。洋灯つり。

（道具）

のこぎり。回し引きのこぎりまたはジグソー。かなづち。曲尺。

❀ つくりかた

① 10mmベニヤ板を図のように切りぬく。

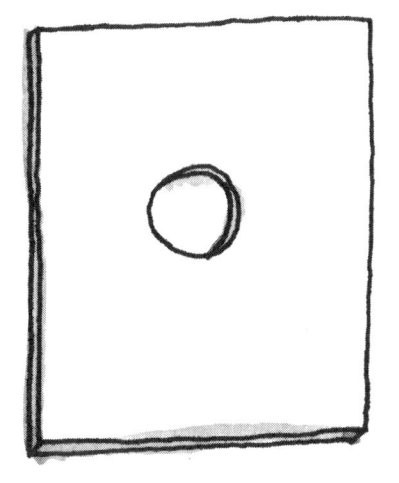

② 5mmベニヤ板を，①とかさねて図のように切る。

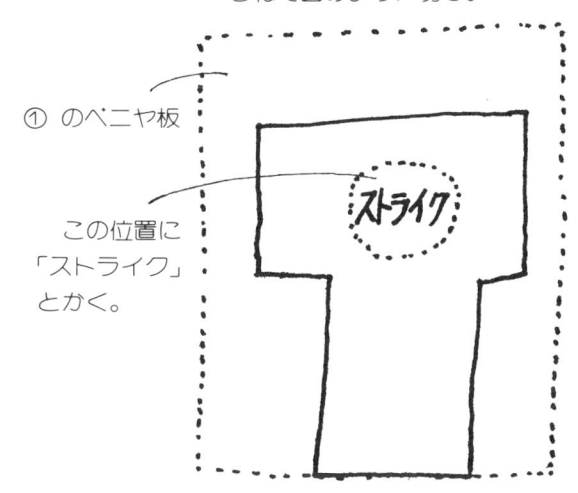

①のベニヤ板

この位置に「ストライク」とかく。

③ ①の大きさに合わせて，角材で図のような形をつくる（まだ①には取りつけない）。

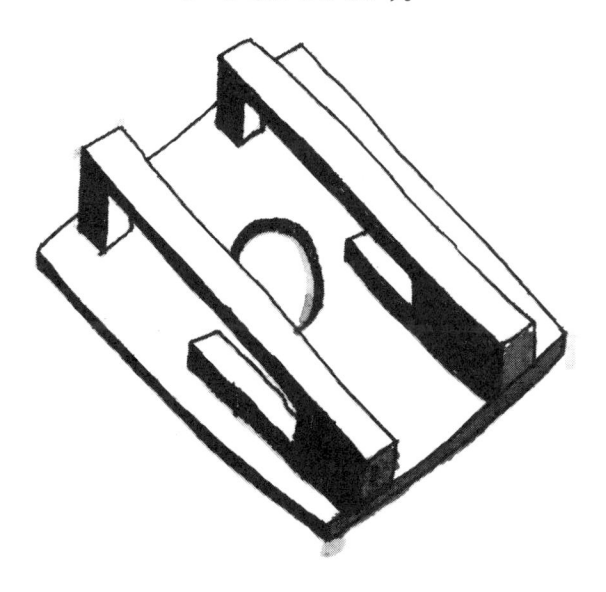

④ ②のうら側の中心に40×20mm角材をつける。

①と②のおもて側にニスをぬる。

⑤ 糸まきにはりがねを通して両はしにフックをつくり，ゴムひもをつける。

⑥ ①の上に②をおき，③を①に固定する。⑤を③に取りつける。

洋灯つり

ここではシグナルとして「ストライク」を使いましたが，色とか動物の絵などにしてもいいでしょう。むしろ重度の子どもたちは青が赤にかわるというような色のシグナルの方がいいでしょう。

できあがり

38

捕鯨船

❀ きっかけ

　かつてくじらが食卓によく出たころ，くじらをどうやってとるかを子どもたちと話したことがありました。おもしろいなあということでさっそくゲームをつくりました。

❀ アイデア

　特別くふうしたというところはありません。ただくじらのおなかに穴をあけておき，そこにモリがはいってモリづなをたぐりよせればくじらがそばにくるというしかけです。モリがうまくなげられない子のためには，くじらまで届く長いモリをつくり，それをおなかの中へ入れてモリをひきよせるようにします。

❀ たぐりよせる

　腕を伸縮させてものをひっぱることはかなりの子どもたちがつねにやっていることですが，両腕をつかって交互にたぐりよせるということはあまりやっていないようです。このあそびによって，遠くのものを，あるいは棒をつかってたぐりよせるという動作をあそびの中でさせることができます。

❀ 長いものをあつかう

　子どもたちは，手頃なものにかこまれています。ボールにしろスプーンにしろ，筆にしろクレパスにしろ，みな小さくて手頃です。時にはあつかいにくいもの，もてあまし気味なものに挑戦するのもいいと思います。その意味でこのモリは恰好の教具といえましょう。

（材料）
5mmベニヤ板。20×40mm角材。くぎ。ロープ。
（道具）
のこぎり。回し引きのこぎりまたはジグソー。かんな。かなづち。曲尺。

❀ つくりかた

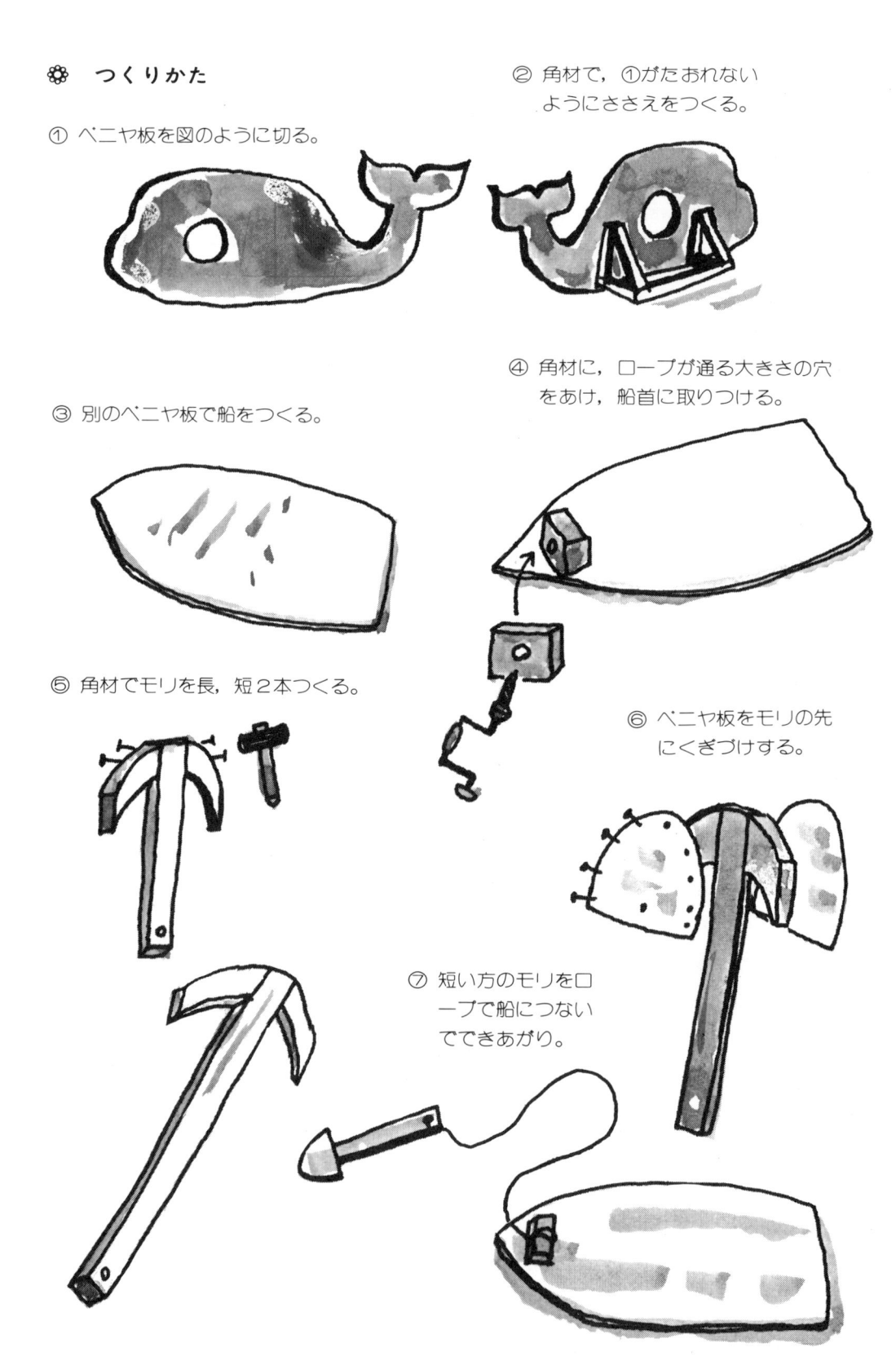

① ベニヤ板を図のように切る。

② 角材で、①がたおれないようにささえをつくる。

③ 別のベニヤ板で船をつくる。

④ 角材に、ロープが通る大きさの穴をあけ、船首に取りつける。

⑤ 角材でモリを長、短2本つくる。

⑥ ベニヤ板をモリの先にくぎづけする。

⑦ 短い方のモリをロープで船につないでできあがり。

1 からだを動かす活動

❀ **あそびかた**

(1) くじらをおき，3メートル（競技する子によってかえる）ぐらいはなれたところに捕鯨船をおきます。

(2) 参加者で砲手になる順をきめます。砲手は捕鯨船の上にのり，モリをくじらに向かってなげます。くじらの腹にはいったら2点，さらにたぐりよせられたら3点追加します。モリをなげられない子は船をすこしくじらに近づけてから長いモリで腹をつき，穴に入れます（2点）。モリをたぐってくじらを近よせられたら3点追加します。あらかじめトライする回数をきめておき，得点をきそいます。

㋑ モリを投げられる子（短いモリを使う）

① モリを投げて穴に通す。

② たぐりよせる。

㋺ モリを投げられない子（長いモリを使う）

① 長いモリを，もったまま穴に入れる。

② ひきよせる。

❀ **発　展**

　もっと関心を示す子がいたら，射的ゲームに終わらすことなく，キャッチャー・ボート，捕鯨母船，曳鯨船，保冷トラック，魚屋などをつくって，射的ゲームと役割あそびのコンビネーションを考えてもおもしろいでしょう。

散歩の用意

❀ きっかけ
　歩ける子には靴，あるけない子には車椅子があれば散歩はできます。でも，スタコラ歩くだけではものたりません。時には緑陰でひとやすみしましょう。そんな時の用意は？

❀ ふくろにつめて
　適当な大きさの袋を布でつくって散歩用バッグにしましょう。中にはタオル，チリ紙，水筒，コップ，おやつなどを入れましょう。時には，虫めがねや望遠鏡やナイフなども入れておくと冒険ができるでしょう。袋にははいらないかもしれませんが，コッヘルや固型燃料や紅茶などをもって行き，野原で熱い紅茶というのもたのしいでしょう。

❀ グランドシートをつくろう
　グランドシートは長時間の散歩にとっても重宝です。歩ける子と車椅子の子がいっしょに散歩に出かけても，じっくり腰をおろすところがなければ，ちぐはぐな位置になります。歩いている子もすわり，車椅子の子も車椅子からおりて同じ眼の高さになってこそ，いっしょに来たんだという気になるでしょう。その時のためにグランドシートは必要です。ござでもいいのですがすこしかさばりますね。グランドシートはまた，すわるべきところとそうでないところの区別，区画を意識させる学習にも役立ちます。

（材料）
不織布または古じゅうたん，カーペット。布ガムテープ。ロープ。
（道具）
はさみ。

1 からだを動かす活動

① 不織布または古じゅうたんを2m四方に切る（適当な大きさのものがなければ布ガムテープでつないでつくる）。

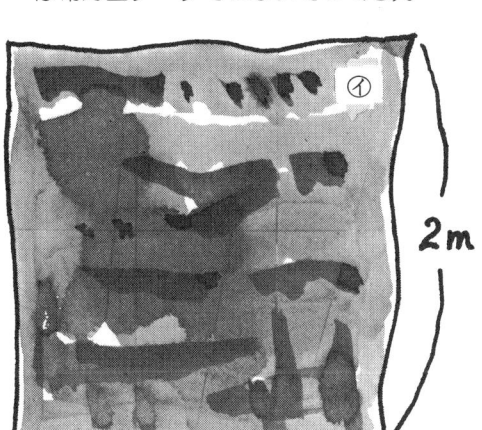

② 古カーペットを切ってひもをつけ，図のような専用バッグをつくる。

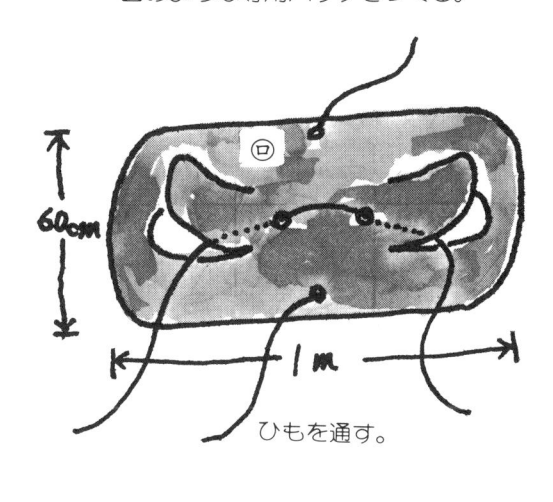

ひもを通す。

❀ まとめかた

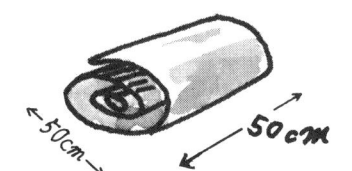

① ㋑をおりたたむ。

② 上図㋺の上におき，よこのひもでしばる。

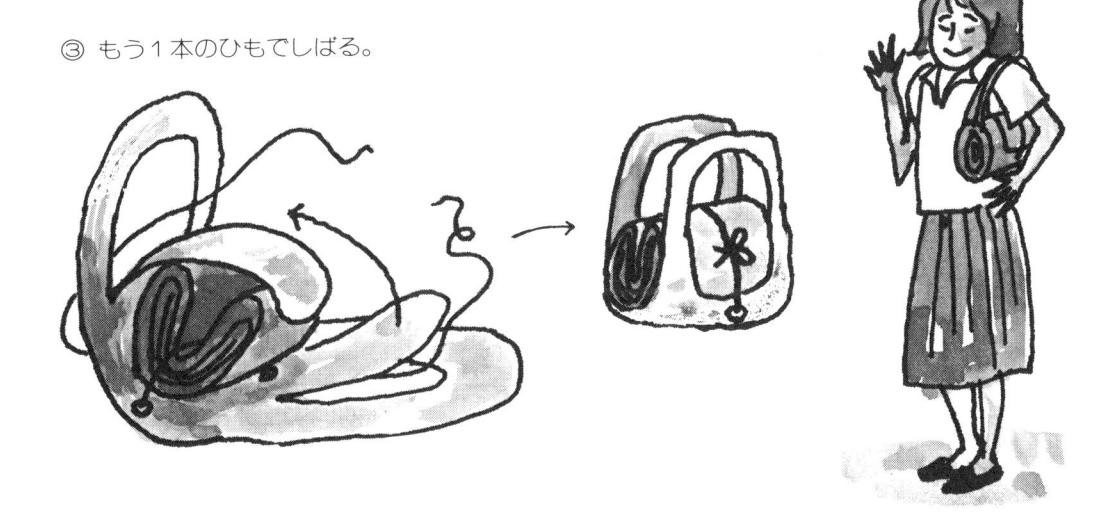

③ もう1本のひもでしばる。

玉入れ

❀ きっかけ
　運動会のプログラムにはいつものっている玉入れ。玉を上に向かってなげられないような子どもたちがよろこんで参加できる玉入れはできないものでしょうか。あなたならどうしますか。

❀ アイデア
　まず玉入れのいろいろな条件を考えました。
(1)　高いところにかごをおけない。
(2)　玉をなげることができない。
(3)　玉とかごの間にへだたりがないと競技にならない。
(4)　少しの力でへだたりを突破する方法を考えなければならない。
(5)　ゲームだから，はいったりはいらなかったりするあたりはずれの状況をつくらなければいけない。

　以上の条件を一つ一つ考えていきましょう。(1)の「高いところにおけない」というのは低くすればよく，(2)の「なげることができない」は，落とすかころがすかしなければなりません。落とすだけだと(3)の「へだたり」をこえられません。だからころがす方法をとり，(4)の「少しの力で」の問題は，従来の布ボールを思いきってゴムかビニールのボールにかえることと，それを板の上にころがすことによって解決します。(5)の「ゲーム性」は板に穴をあけて，ころがしたボールが穴に入った分だけを数える方法をとればいいのです。

❀ 玉入れプラットのつくりかた
（材料）
5mmベニヤ。40×40mm角材。ポスターカラー。ニス。くぎ。
（道具）
のこぎり。回し引きのこぎりまたはジグソー。かなづち。のみ。かんな。えふで。はけ。

1　からだを動かす活動

① ベニヤ板6枚を合わせて斜線部分を切る。

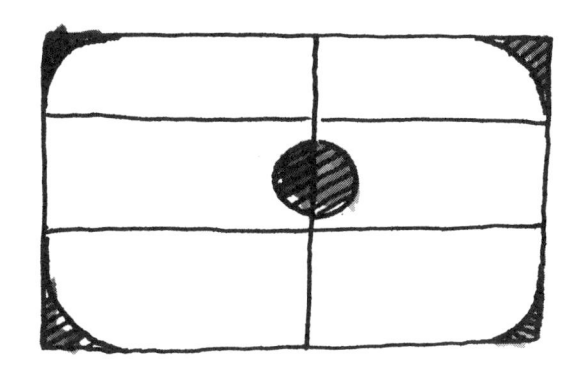

大きな円をかくときは，糸を使ってもいいが，半垂木を使えばインスタントコンパスになる。

くぎ　えんぴつ

② うらに垂木をうちつけ，■のところに60cmの垂木を取りつけて立つようにする。

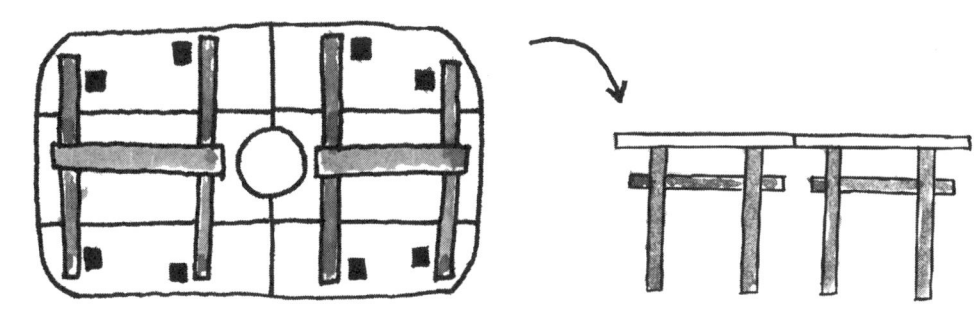

おもてにポスターカラーで絵をかき，ニスでとめる。

③ 残りのベニヤ板1枚で鳥や動物の形を切りぬき，ブラットの上に取りつける。

穴の下には，ダンボール箱にひもをつけたものを置く。競技が終ったらひもを引いて出す。

❀ 競技方法

玉入れプラットをチーム数だけ用意し、グラウンドに配置し、ボールをころがしておきます。スタートの合図で、ひろえる子はボールをひろいプラットの中心の穴へころがします。ひろえない子には介助者がひろって手わたしてやり、自分でころがさせます。その他はふつうの玉入れと同じルールです。

❀ イメージ・アップ

デコレーションをいろいろ考えて雰囲気をもりあげましょう。動物とか花とか、あるいは人気まんがの主人公の顔などをつくって玉入れプラットの上におきましょう。

ドラムカンアンドマット

❀ きっかけ

クリスマス・プレゼントに玩具を買っていたのですが、よくつぶれるので、ある年のクリスマスに、みんなの分の費用をプールしてドラムカンを買い、鉄工所でふたと底をとってもらってあぶなくないように処理加工をしてもらいました。それだけでもよくあそべたのですが、だれかがその上にマットをおきました。

❀ アイデア

一種のコロの原理の応用です。ドラムカン数個の上にマットをのせ、その上に子どもをのせてマットをひっぱるのです。

❀ 波動体験

ドラムカンの上にマットがあり、その上に子どもがのっているのですから、そのマットをひっぱれば、ちょうどドラムカンの上にいる時は上がり、ドラムカンとドラムカンの間にきた時は下がるというように波の上にのっているような感じになります。

❀ あそびかた

ドラムカンを3、4個間をつめてならべ、その上に体操用のマット（なるたけ長いマット）をしき、その上に子どもをのせて、二人で両はしから交互にひっぱります。

ぞうきん縫製機（p.58）でぞうきんを縫っているところ

❷ 手仕事

　手仕事と造形活動をどこで区別するかはむずかしい問題ですが，ここでは手順が一定し，くりかえし同型の製品をつくることを手仕事としました。
　重度の子どもたち，あるいは手が自由に動かない子どもたちに手仕事をさせることは，ちょっと考えただけではとてもむずかしいように思えますが，すこしずつでもやりだすことがだいじです。極論かもしれませんが，この子どもたちに合う仕事を「探す」ことからは，解決の糸口を見出し得ないでしょう。子どもたちの日頃の動作をつぶさに，科学的に，合理的に観る眼をやしない，子どもたちの動きから可能性の鉱脈をみつけだして，それから仕事そのものを「創造」していこうとする姿勢がのぞまれます。
　産業心理学の分野に職務分析というのがあります。それは職務における作業内容等を研究する分野ですが，作業内容の研究という視点は障害児の手仕事，広くは労働を考える場合にも必要です。しかしながら，職務分析の考え方は，労働者を未知数とする方程式をとくことです。労働者が未知数であれば障害児はいつも放り出されてしまいます。ですから仕事を未知数におきかえ，それを創造的に求めていく方法，可能性を発見し，それを合成して新しい未知の仕事をつくりあげていく方程式が必要なのです。子どもたちのちょっとしたしぐさ，それを既成の作業に当てはめるのではなく，それから何かその子に適した仕事をつくりだしていく，そんなとらえ方がたいせつです。

はたおり

🌼 きっかけ
あそびでは何かあきたらなくなった子どもたちに何か手仕事をやらせてみようとしたのがはたおりのきっかけです。ここでは仕事をしようという気があってもうまくできない子どもたちが対象になっていて，介助の部分がとても多く，一見意味をなさないように思えます。しかし仕事をしようという気持ちと参画の体験をだいじにしたいのです。

🌼 アイデア
本人のやれる部分が身体的条件によってせまくかぎられ，したがって介助の部分が多くなる中で，もっともくふうをこらした点は，そういう状態でも仕事をしている実感のもてる教具をつくることでした。梨狩りやいちご狩りは，収穫のクライマックスだけを人に提供するものですが，ここでは仕事のクライマックスに子どもの手が多くふれることを考えました。具体的な内容はつくりかたの説明の後で別項目をあげてのべたいと思います。

🌼 はたのつくりかた
（材料）
40×40mm角材。12mmベニヤ板。くぎ。しんちゅうのくぎ。
（道具）
のこぎり。回し引きのこぎりまたはジグソー。　かなづち。かんな。ドリル。曲尺。コンパス。

① 木枠をつくる。
① 角材を図のように組んで固定する。

② うら返して，1cm間隔でしんちゅうくぎを打つ。

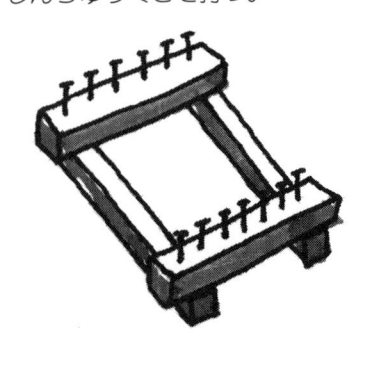

2 手仕事

㊁ 台をつくる。

① 木取りをする。

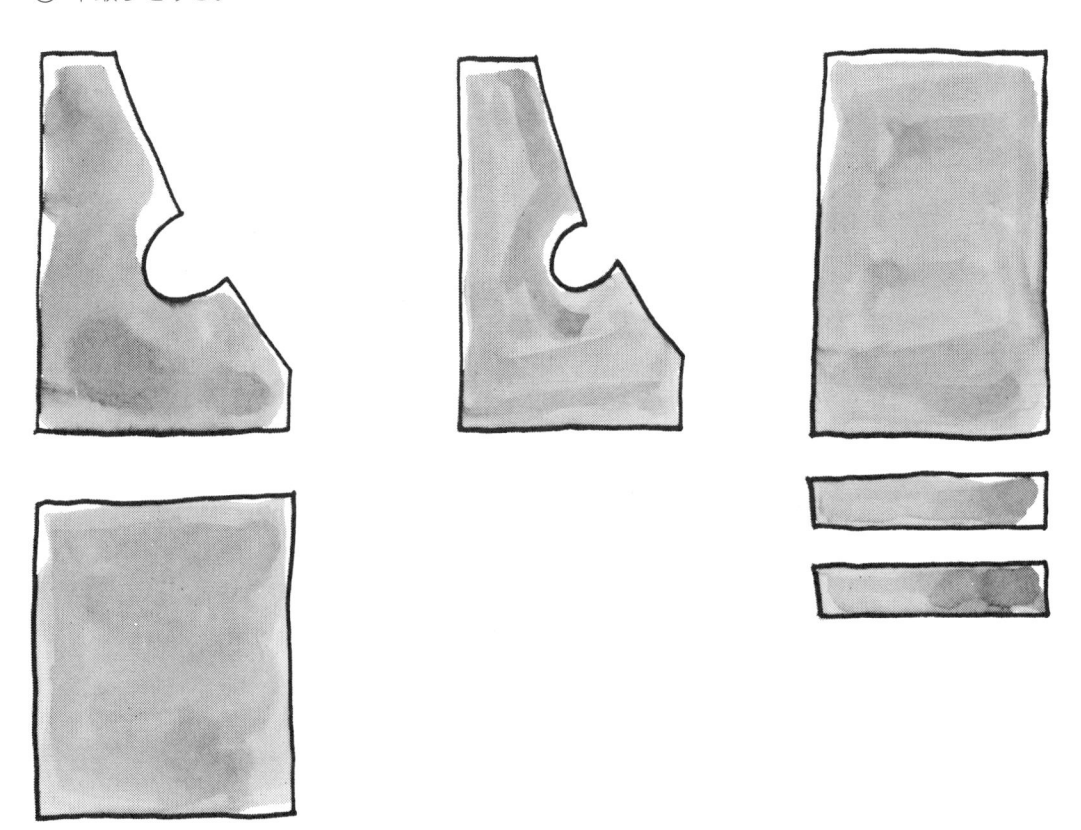

② ①を組立て，木枠を取りつけてできあがり。

❀ モリ型糸まきとガイドレールのつくりかた

（材料）
20×40mm角材。
（道具）
のこぎり。のみ。かんな。かなづち。

イ モリ型糸まき

① 半垂木にモリの図をかく。

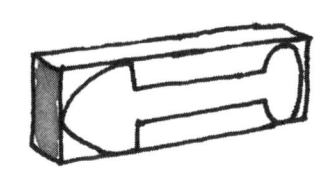

② ──のところをのこぎりで、その他はのみで切りとる。

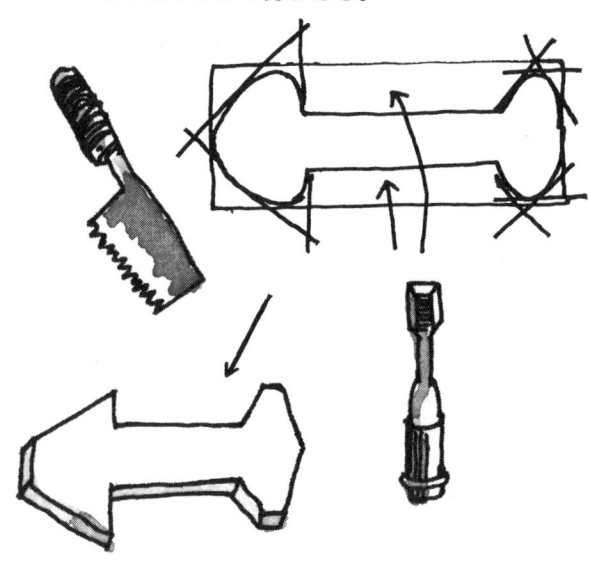

③ 原図にそってナイフとカンナでけずる。

④ できあがり

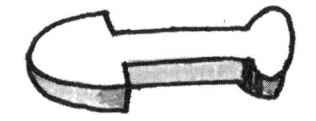

ロ ガイドレール

① 図をかく。
（上と同じ要領でつくる）

② できあがり

❀ 台の特長

はたの台が図①のように二等辺三角形になっていないのは、子どもの身体的状態によって二通りのアングルで作業できるようにしたためです（図②）。また台と糸かけ枠がはずれるようになっているのは、手前から織り上げていって手がとどかなくなった時に、はずして、織った方を向こうへ、織ってない方を手前へもってくるためです。

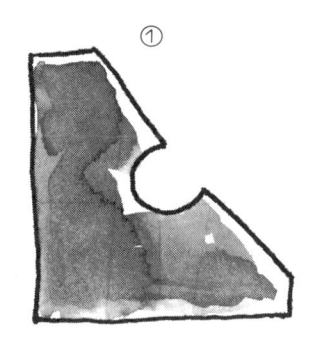

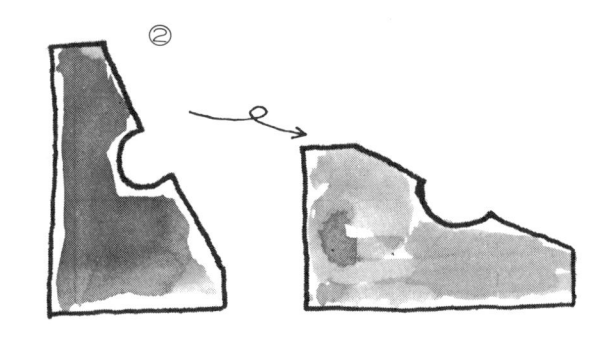

❀ なぜ糸まきをモリ型にしたか

糸をつかわずに細い布を使うのでふつうの糸まきでは具合が悪くなり、モリ型にしました。これは糸まきに課せられた条件をよくみたしています。それを分析してみましょう。

(1) 横糸の収容—よこ糸もたて糸も1センチはばの布です（図①）。
(2) たて糸の間をくぐる通過性（図②）。
(3) まいた糸の保持性（図③）。
(4) 糸まきがすすんだ分だけ糸がほどけていくこと（図④）。

　(1)から(4)までの条件を考えるとモリ型になります。

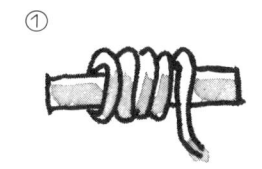

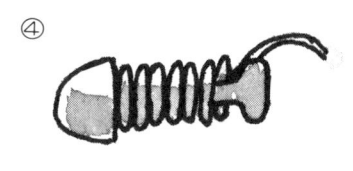

❀ ガイドレール

　これを介助の者があらかじめたて糸の間にくぐらせておくことにより，子どもは指先をモリ型糸まきの尻にあててそっとおすだけで一目おれることになります。いろいろ他の方法もこころみましたが，重度の子どもにはこのガイドレールを使う方法がいいようです。

❀ 織りかた

(1)　糸かけ枠のくぎに図①のように糸をかけます。
(2)　ガイドレールをたて糸の間に図②のようにくぐらせます。
(3)　モリ型糸まきによこ糸をまきます。
(4)　モリ型糸まきをガイドレールにそってすべらせます。(子どもの作業はここだけです)(図③)。
(5)　糸まきがはしまでいったらガイドレールを抜き，(2)の作業をし，くりかえし織りすすみます。

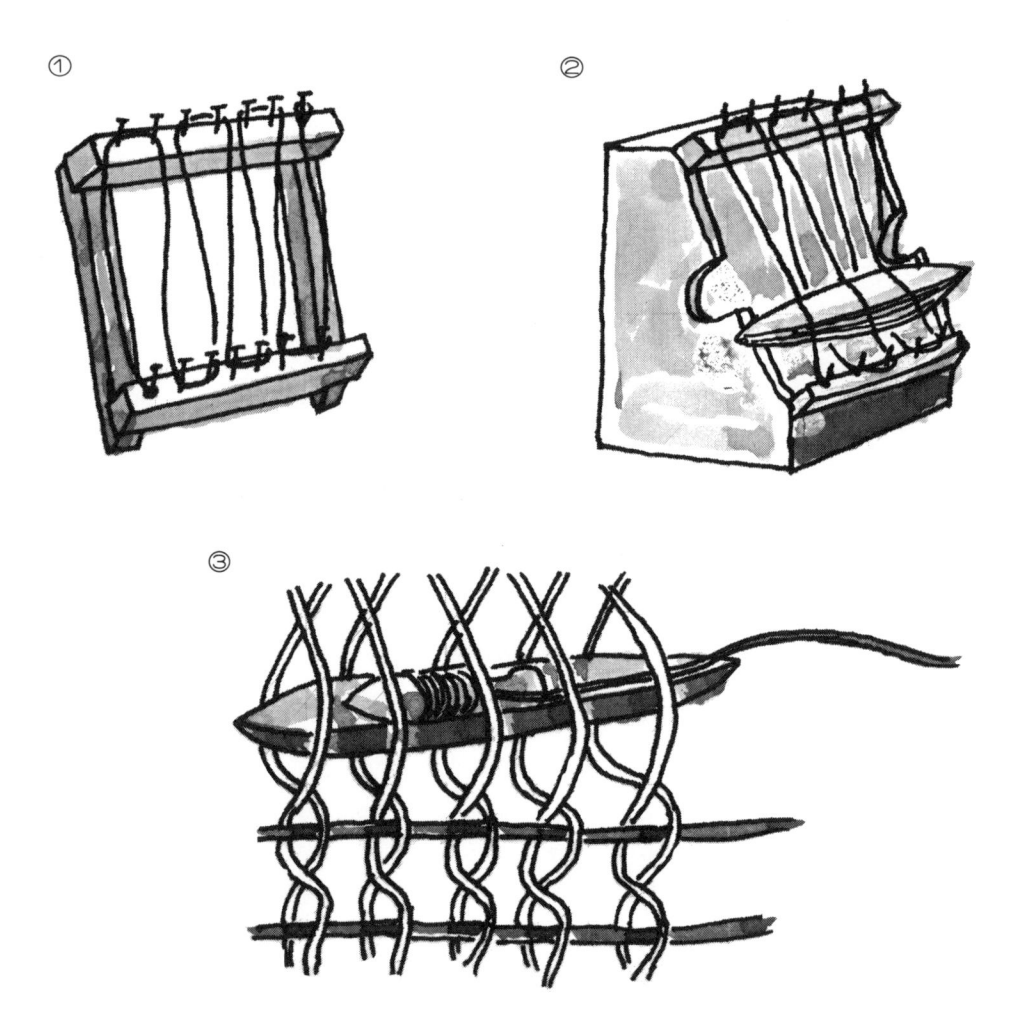

2 手仕事

カレンダーづくり

❀ **きっかけ**

　従来，カレンダーづくりは造形活動として位置づけられていましたが，自分が使うだけでなく他の人のもという考えに基づいて，ある程度の量産ができるシステムを考えようということになり，手仕事としてのカレンダーづくりをしました。

❀ **アイデア**

　子どもたちがやりやすい方法でと考えているうちに，昔の木活字を思いおこしました。4センチ角の角材をつかえば，子どもたちにももちやすいのではと思いました。字を彫るのはむずかしいので，ボール紙を切って角材に貼りつけました。もう1つのアイデアは区画です。ます目の中に字を入れるとき，字がずれたりすると見苦しいので，区画のところだけが白くのこり，字の下は淡い色がつく刷り方を考えました。

❀ **カレンダーづくりへの道すじ**

(1) 手にものを握る動作および腕の上下の動作——これらにより，活字をおす動作が生まれます。また，パンチで穴をあける作業も。
(2) ものを握って水平に動かす動作——ローラーの使用につながります。
(3) 自由描画。スクリブル——カレンダーの絵にします。

❀ **木活字および区画版のつくりかた**

（材料）
40×40mm角材。ボール紙。接着剤。5mmベニヤ板。
（道具）
のこぎり。はさみ。カッターナイフ。サンドペーパー。彫刻刀。

　木活字は日付けの数字と曜日，それに日曜日・祝日のところにおす版，十二支などの版をつくります。

① 板に図のような区画線をかき、みぞの部分を彫刻刀でけずる。

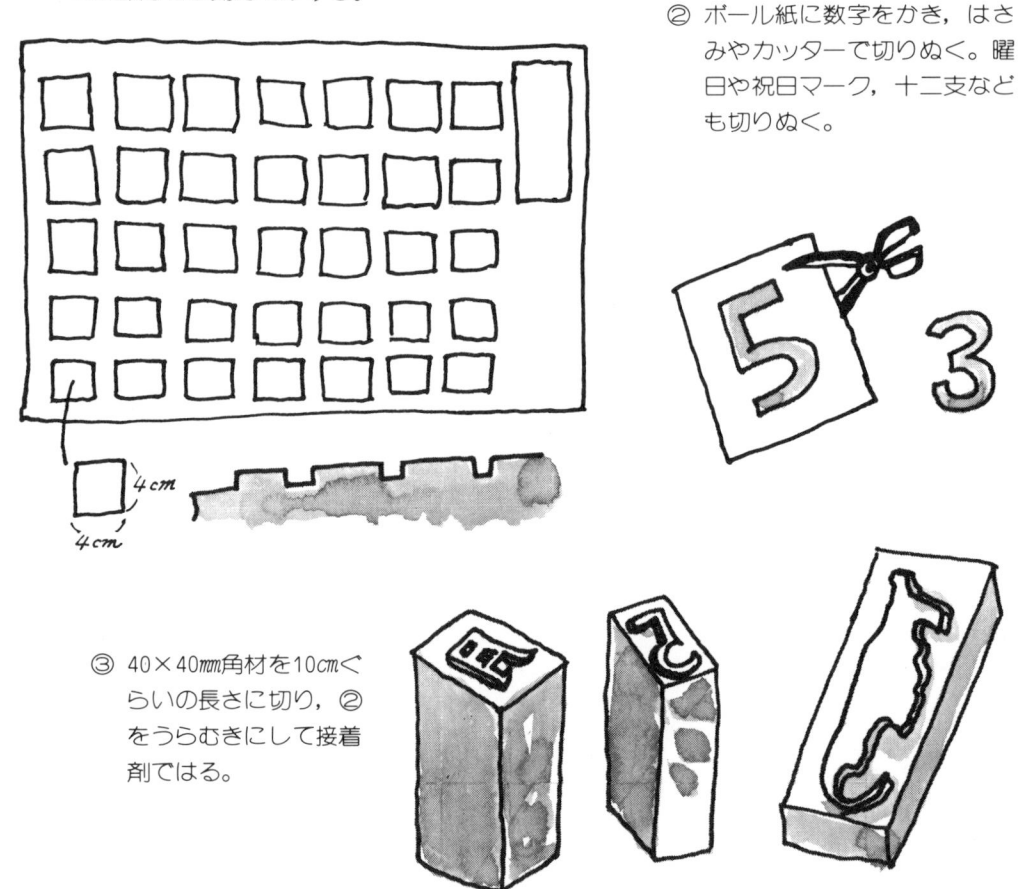

② ボール紙に数字をかき、はさみやカッターで切りぬく。曜日や祝日マーク、十二支なども切りぬく。

③ 40×40mm角材を10cmぐらいの長さに切り、②をうらむきにして接着剤ではる。

🌸 カレンダーのつくりかた

（材料）

障子紙。画用紙。ポスターカラー。リボン。のり。

（道具）

木活字。区画版。祝日と十二支等の版。はけ。ローラー。パンチ。

(1) 障子紙を切りそろえます。
(2) はけにうすい色のポスターカラーをつけ、区画版にぬります。その上に障子紙をおき、ローラーで刷り上げます。色ぬり、ローラーとも子どもたちの仕事です。
(3) 日曜日、祝日の版を赤でおします。
(4) 十二支などの版をおします。
(5) 数字の木活字をおします。わかる子には区画の中へ活字をおす訓練を、わか

らない子には介助して、おすことだけをおしえます。数の順序をおしえる手だてになります。

(6)　1月から12月の分までをかさねて天とじにします。下図のようにのりしろをずらせてならべておき、子どもたちにはけでのりをぬってもらいます。つぎに、かさねて、のりのついたところをプレスします。

(7)　画用紙の下半分に(6)を貼ります。

(8)　画用紙の上半分に子どもたちの作品（フィンガー・ペイントでもなぐり画きでもなんでもよい）を貼りつけます。

(9)　カレンダーの上のところにパンチで穴をあけます。これは手の上下運動がようやくできる子のとっておきの仕事です。

(10)　パンチの穴にリボンをかけてできあがり。

ぞうきん縫製機

❈　きっかけ

　手仕事を子どもたちにさせる時にいちばん気をくばるのは素材です。なるべくお金のかからないものをと考えねばなりません。この「手仕事」の章はすべてそれが考慮されています。ぞうきんをつくろうとしたのも、古いタオルなどを利用できるからです。さて手があまりよく使えない子や知的障害の子にぞうきんがつくれるでしょうか。

❈　アイデア

　ぞうきんはつくれる，という目標をおいて考えましょう。片手が麻痺している子，からだをささえるために片手を使わねばならない子，理解できても動作がともなわない子などにどうしてぞうきんをぬわせればいいのでしょう。これには子どもたちの身体的条件および作業内容の二つのポイントを分析してみる必要があります。

　ポイント(1)　片手しか使えない時はどうするか。

　ぬう動作はふつう，布を保持する動作と針をすすめる動作とに分けられます。針をすすめる動作は省略できませんので，保持する動作の方を何かに肩がわりさせ，布を作業適性位置で固定させる方法を考えれば解決できます。

　ポイント(2)　針の上下動作が困難な時はどうするか。

　ふつう，針をもったままの指先を上下させるだけでぬうのですが，手の不自由な子には無理です。でなければ，たたみぬいの方法になります。この方法は一見簡単にみえますが上下いれかわる動作は子どもたちにとってはむずかしいでしょう。ですから，上から下へ針をつく動作だけでぬえる方法があればいいのです。この方法は，一見むずかしいようですが，日常生活においてだれもがよく経験しています。たとえば，手紙がきて，差出人はだれだろうと見る時，封筒をうらがえして見ます。見る方向は固定していて見られるものを回転させています。この方法を使えばいいのです。手紙を見る視線の方向を針でつく方向とおきかえれば布を回転させることによって上から下へつくという一定の針の動きでものをぬうことができます。

　ポイント(1)とポイント(2)を合成した教具，つまり布を作業適性位置で固定し，それを180度回転させる装置をつくればいいのです。

2 手仕事

（材料）

12mmベニヤ板。40×40mm角材。40×20mm角材。くぎ。ボルト，ナット（チョウねじのもの）。

（道具）

のこぎり。回し引きのこぎりまたはジグソー。ドリル。かんな。かなづち。クリコポール。コンパス。曲尺。サンドペーパー。

❀ つくりかた

① 10mmベニヤ板で木取りをする。
　（少々複雑なので寸法を記した。単位=cm）

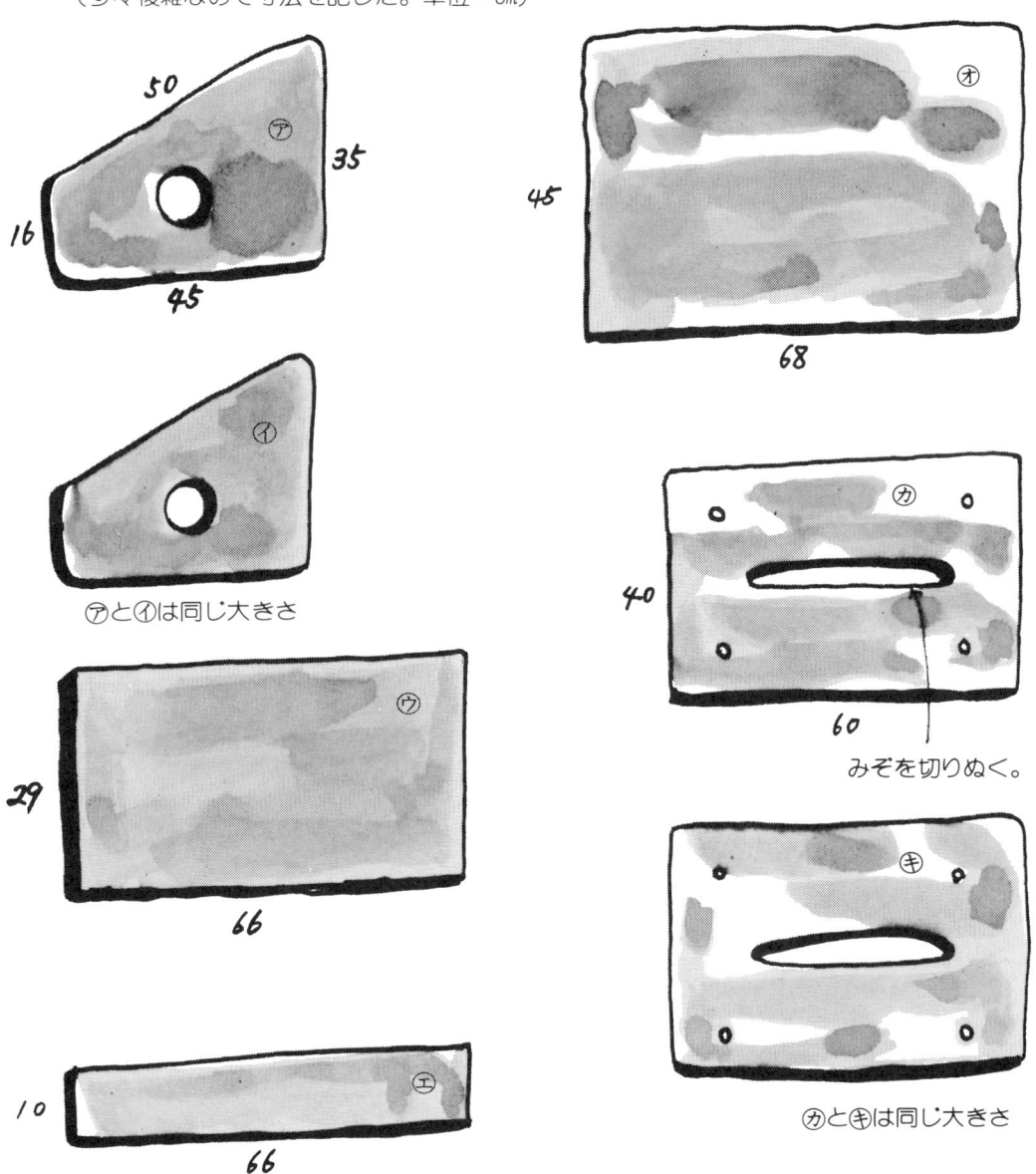

⑦

50
35
16
45

⑦と④は同じ大きさ

⑦

29
66

⑩

10
66

⑦

45
68

⑦

40
60

みぞを切りぬく。

⑦

⑦と④は同じ大きさ

② 半垂木（40×20㎜）および垂木（40×40㎜）を加工する。

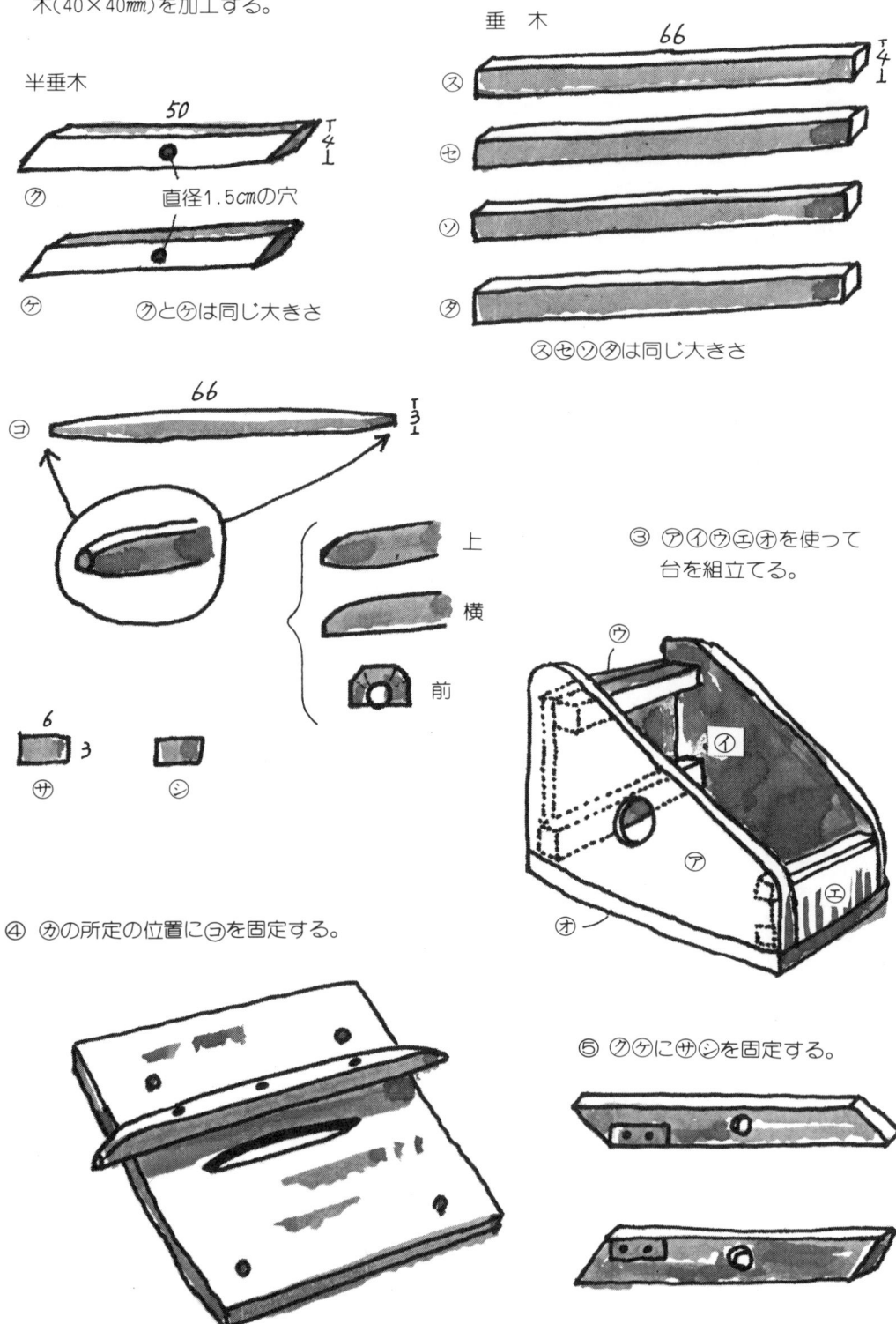

半垂木

㋗　50　T4↓

直径1.5cmの穴

㋘

㋗と㋘は同じ大きさ

垂木　66　T4↓

㋜

㋝

㋞

㋟

㋜㋝㋞㋟は同じ大きさ

㋙　66　T3↓

上
横
前

6　3
㋚　㋛

③ ㋐㋑㋒㋓㋔を使って台を組立てる。

④ ㋕の所定の位置に㋙を固定する。

⑤ ㋗㋘に㋚㋛を固定する。

⑥ ㋐㋖の穴に㋙をはめこむ。

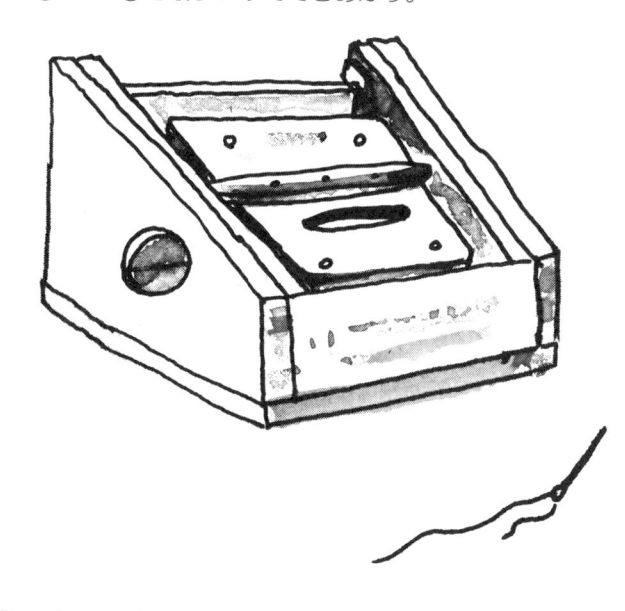

⑧ 台に取りつけた⑥を手前からむこうへ180°回転させて下図のようにする。

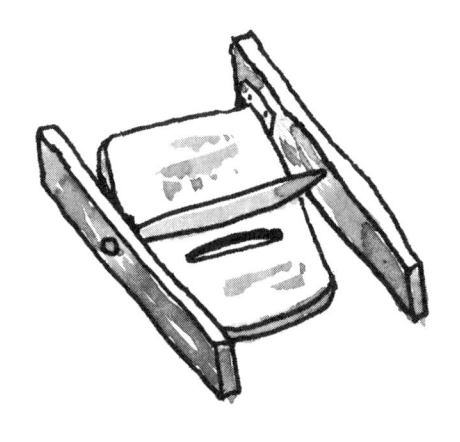

⑦ 台に⑥を取りつけてできあがり。

⑨ ぞうきんになる布をあて，㋖をかさねてチョウネジでとめる。

2　手　仕　事

❀　ぬいかた

(1)　まず二枚の板のあいだに，古いタオルか何かぞうきんにする布をはさみます。「つくりかた」の図⑧⑨参照。

(2)　ぬおうとするところにみぞがくるようにはさんでチョウねじでとめます。

(3)　針に糸を通し，みぞのはしをつきます。

(4)　次に回転板のはしを向こうへ180度回転させます。

(5)　回転させると下側の板が上になり，(3)で針をついた同じ位置から針の先がでていますから，それをつまんで糸をいっぱいにひっぱります。

(6)　次に(3)と同じ方法でつき，あとは同じことをくりかえします。

(7)　はしまでぬいすすんだらチョウねじをはずして別のところをぬいます。

紙粘土をつかって その1　　のれん

❀ きっかけ

紙粘土は造形の素材としていろいろつかっていましたが，手仕事の素材を考えていた時も紙粘土が浮かびました。のれんをつくるきっかけになった要点はつぎのようです。

(1) 紙をやぶる動作。棒をもってトントンつく動作。——紙粘土づくりの可能性。
(2) 上からものをおさえる動作。容器にものをつめこむ動作。——紙粘土を型につめこみ成型できる可能性。——のれんの玉づくり。
(3) はけでぬる動作。——のれんの玉の塗装。

❀ アイデア

イメージをきわだたせるために専用の作業台と成型具を考案しました。簡単な構造ですのでつくりかたの項目ははぶきました。

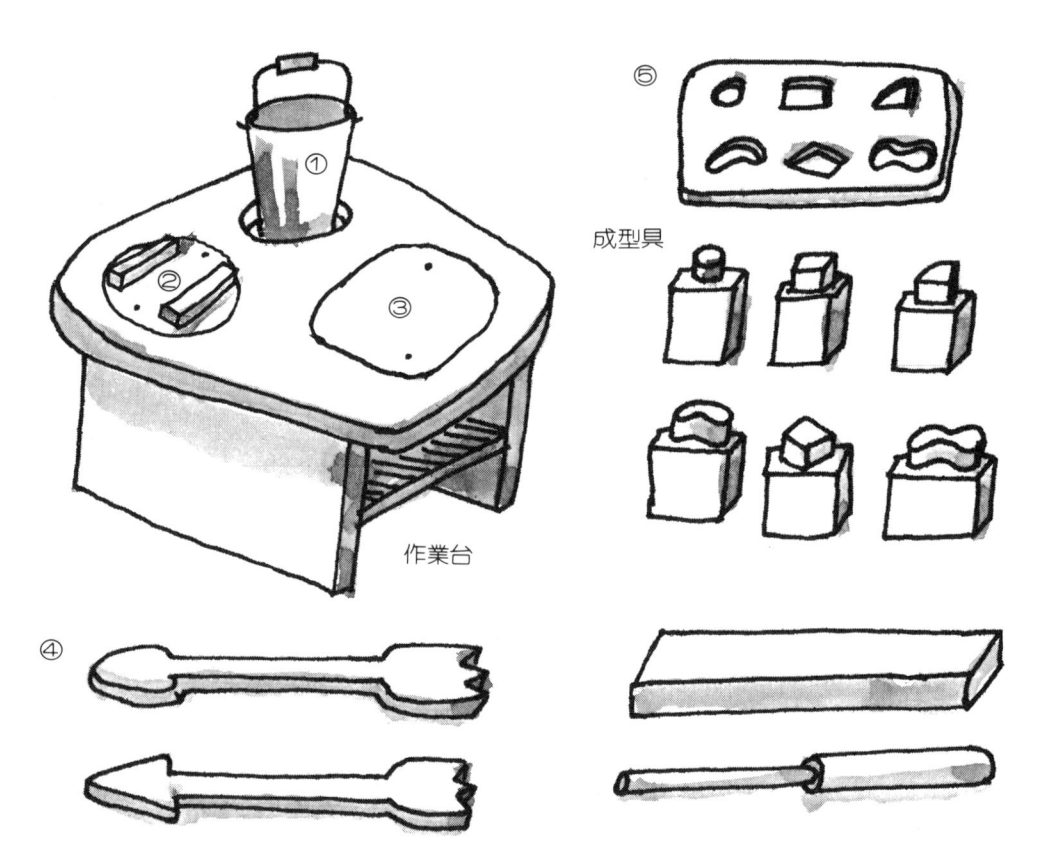

⑥

① バケツ——ちぎった新聞紙を入れる。
② 型つめ台（プラスチック製）——この上に雌型をおき，紙粘土をつめる。作業台の使えない子のためにチョウねじでとりはずしができるようになっている。
③ 型ぬき台——紙粘土のつまった雌型をこの上におき雄型でつく。②と同じ理由でチョウねじがついている。
④ きね——水につけておいたふやけた紙をつきつぶし，パルプにする。
⑤ 成型具——雄型と雌型があり，のれんの玉をつくる。
⑥ プラスチック製乾燥板——型ぬきした紙粘土をかわかす。

作業過程
(1) 新聞紙をちぎります。
(2) ちぎった新聞紙とのりと水をバケツに入れ，きねでついて，紙粘土をつくります。
(3) 紙粘土ができたら型つめ台の上に雌型をおき，紙粘土をつめます。
(4) 紙粘土のつまった雌型を型ぬき台において雄型でつき，下におとします。形の類似性を自然におしえられます。
(5) 型ぬきされたものをプラスチック板にならべて乾燥します。
(6) 乾燥したのれんの玉に穴をあけます。（下図①）
(7) ポスターカラーをぬります。乾燥したらニスもぬります。
(8) はりがねを使って糸を通します。（下図②）
(9) 角材にとりつけます。（次頁図③）

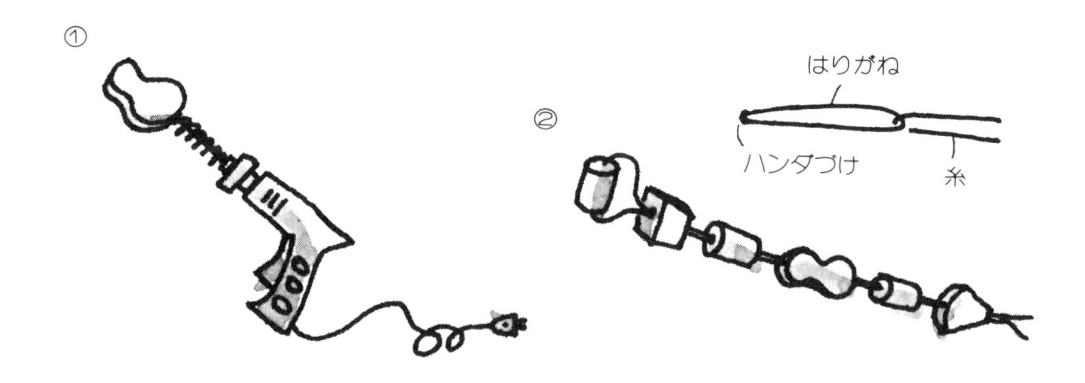

①　　　　　　　　　②　　　　　　はりがね
　　　　　　　　　　　　　　　　ハンダづけ　　糸

③

㋑ 角材に細い穴をあける。

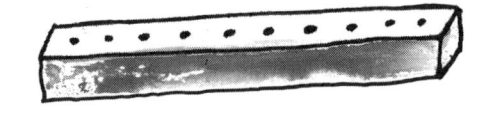

㋺ ㋑の穴を中途まで太くする（下は断面図）。

㋩ 割り箸をけずって、㋺の穴に合うせんを穴の数だけつくる。

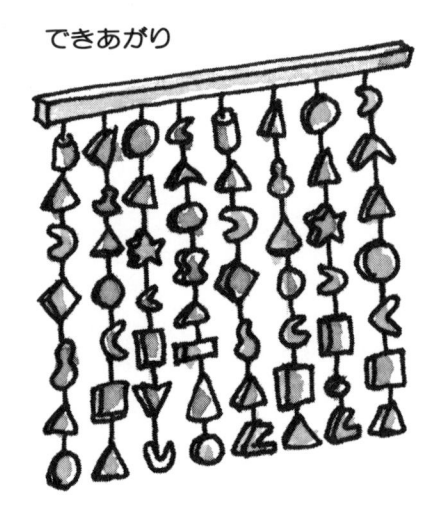

㊁ のれんの糸を通す。

㋭ ㋩でつくったせんをはめこむ。

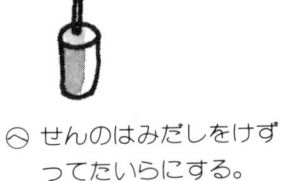

できあがり

㋬ せんのはみだしをけずってたいらにする。

❀ バラエティー

　一つのクラス，あるいはグループには，いろいろな子どもがいます。できるだけ工程の内容がバラエティーに富んでいる方が，共同作業をする時，子どもの参加部分を多くすることができます。のれんづくりは，紙やぶり，きねつき，型つめ，型ぬき，塗装，糸通しなど，いろいろな作業内容がもりこまれています。

❀ 場面の強化——縁日の店

　いくら教育的意義の高い活動計画でも，子どもをひきつける魅力がなければ何にもなりません。部屋のまんなかにダンボール箱をおいただけでも，何だろうと子どもたちはよってきます。紙粘土作業台をあえてつくったのも，これを部屋のまんなかにおけば，何かやりだすかまえを子どもたちが感じてよってきてくれるだけでなく，作業内容と道具の関係がしらずしらずのうちにわかってくると思われます。縁日の店に子どもたちがむらがるように，そんな魅力を教具はそなえていなければなりません。

2 手 仕 事

紙粘土をつかって その2

ペンダント／ブローチ
花びんしき／クリスマス・デコレーション

❀ **発 展**

　紙粘土はのれんのほか，いろいろなものに応用できます。のれんの時の成型具，雄型と雌型をくふうすればいいのです。

❀ **ペンダント**

　型ぬきし，きれいなひも，リリアンなどを通します。貝がらをくだいて接着剤をつけ，やわらかいうちにうめこんでもきれいでしょう。みんなでつくって，お誕生会などにプレゼントしたらいかがでしょう。

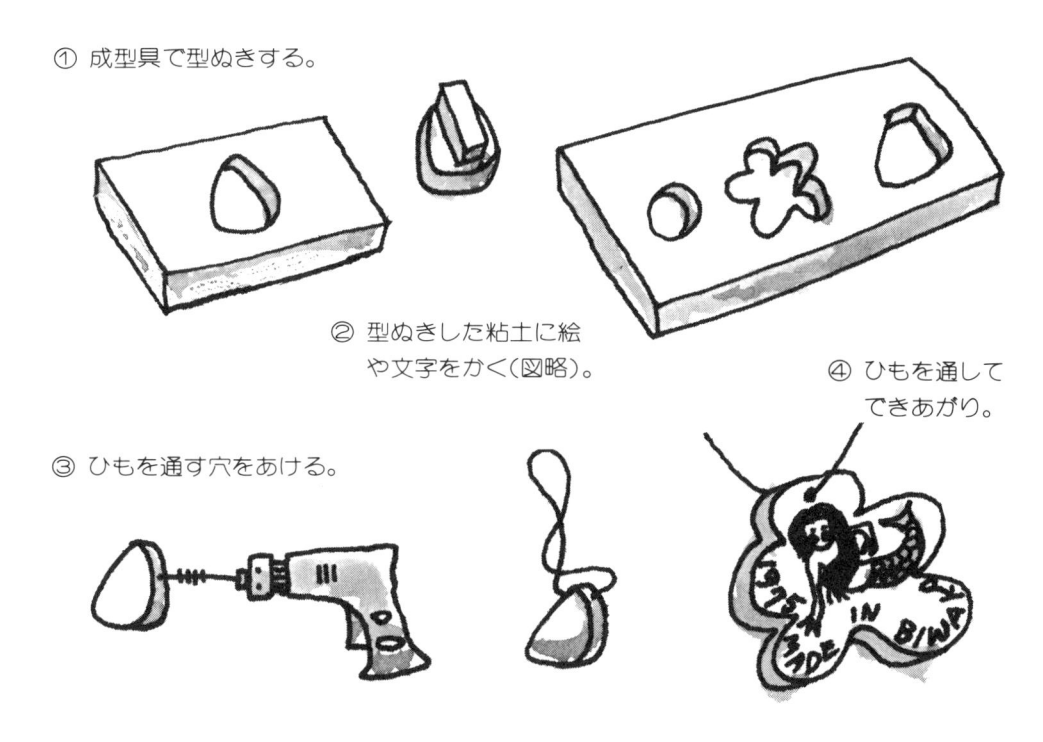

① 成型具で型ぬきする。

② 型ぬきした粘土に絵や文字をかく（図略）。

③ ひもを通す穴をあける。

④ ひもを通してできあがり。

❀ **ブローチ**

　花や木の実などの形の成型具をつくります。のれんの玉や，ペンダントもそうですが，細工がこまかいので，回し引きのこぎりではちょっとむりです。ジグソーが必要でしょう。型ぬきができたら，よくかわかし，面のいい方をおもてにし，うらに安全ピンをあてがい，芯地のような堅い布にたっぷり接着剤をつけてはりつけます。よくかわいてから色ぬりをします。

① 安全ピンをおく。　　　　② じょうぶな布に強力な接着剤をたっ
　　　　　　　　　　　　　　　ぷりつけて，ていねいにはりつける。

❀　花びんしき

　型をつくり，型ぬきし色をぬるところまではかわりませんが，ニスを何回もかけてください。また，やわらかい時に一般的な花びんの底の大きさに合わせて，底の広さの分だけへこませておいてもおもしろいでしょう。

① ぬき型に紙粘土をつめる。　　　　② おし型できつくおす。

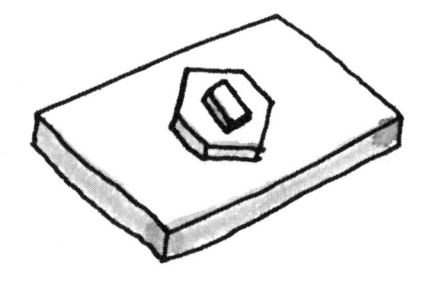

③ ひとまわり小さい丸いおし型でおす。 　　　　④ 厚さ5〜10㎜の板（直径は③のおし型と同じ）をくぼみにおいて②のおし型でぬく。

⑤ 板をそっとはずしてかわかし，色をぬるとできあがり。

2 手仕事

❉ クリスマスデコレーション

　ソックスやサンタや十字架や星やろうそくなど、クリスマスにちなんだものの型をつくります。それを使って型ぬきし、かわかして色をぬり、ひもか糸をつけます。色はポスターカラーを使い、ニスはぬらない方が色がさえてきれいです。天井からつるすのもいいし、クリスマスツリーにかざるのもすてきでしょう。夏や秋ごろからつくっておいて、クリスマス前にはこに入れてクリスマスセットとしてバザーなどに出したらいかがでしょう。決してレディメイドにひけはとりません。

ぬき型のいろいろ

ブーツ　　　　　　　　　クロス

キャンドル　　スター　　ハウス

サンタクロース　→　色をぬる。

紙粘土をつかって その3　素材そのものの製品化

✿　きっかけ

　ふつう，紙粘土はなかなか手間のいるものです。重度の子どもは，紙ちぎりはできても，こまかくちぎることはできません。ズボンのポケットに紙を入れ，たまたま洗濯機へ入れて紙がモロモロにパルプ化した経験をいかして，パルプづくりに古洗濯機を利用しました。ところが紙粘土が大量にでき，使いきれなくなりました。このまま紙粘土を素材として製品化できないかと考えました。

✿　アイデア

　ものをわしづかみできる子，スプーンやスコップをもてる子のレベルで，何か仕事ができないかと考えていましたので，それが紙粘土とむすびつきました。素材を包装することで製品化することを考えついたのです。パンを食べている時でした。パンは成型されてやかれてパンになっています。これは製品です。しかし素材の小麦粉だってちゃんと袋にはいって製品として売られています。それじゃあ，紙粘土だって……。

✿　用意するもの

古洗濯機。たまねぎ入れのネットの袋。ポリバケツ。新聞紙。移植ごて（または竹スコップ）。ポリ袋。画用紙。はさみ。ホッチキス。断裁機。孔版用具。

✿　作業過程

(1)　子どもたちに新聞紙をちぎらせます。粗くていいです。

(2)　水にちぎった紙をひたし，2〜3日おいておきます。

(3)　ひたしておいた紙を洗濯機に入れ，紙がひたるぐらいに水も入れて，「強」で30分回転させますと，パルプになります。

(4)　それをすくいだしてたまねぎ用の赤いネットに入れ，脱水機で約1分弱脱水します。

(5)　用済みの洗濯機は水をたんねんに流しながらくまなくそうじしておきます。

(6)　脱水されたパルプはまだ水を含んでしっとりとやわらかです。それをポリバケツに入れておきます。

(7)　製品の袋の口紙にするため，画用紙に「紙ねん土パルプ」「○○学園製造」などの字を印刷します。切りとり線も刷ります。

(8)　断裁機を使って，子どもたちに口紙をきらせます。はさみをつかえる子がいれば切りとり線にそって切らせます。

(9) 小さなポリ袋をたくさん用意し，子どもたちに袋の中へ，移植ゴテか竹スコップ，または手でパルプをつめさせます。
(10) パルプのはいった袋に口紙をあてがい，子どもたちにホッチキスでとめさせてできあがり。

注意 のりは入れません。入れるとのりがくさって長もちしないからです。だから口紙には「紙粘土」とかかずに「紙粘土パルプ」と書き，使う時にのりをまぜてもらうように注意書をそえておきます。

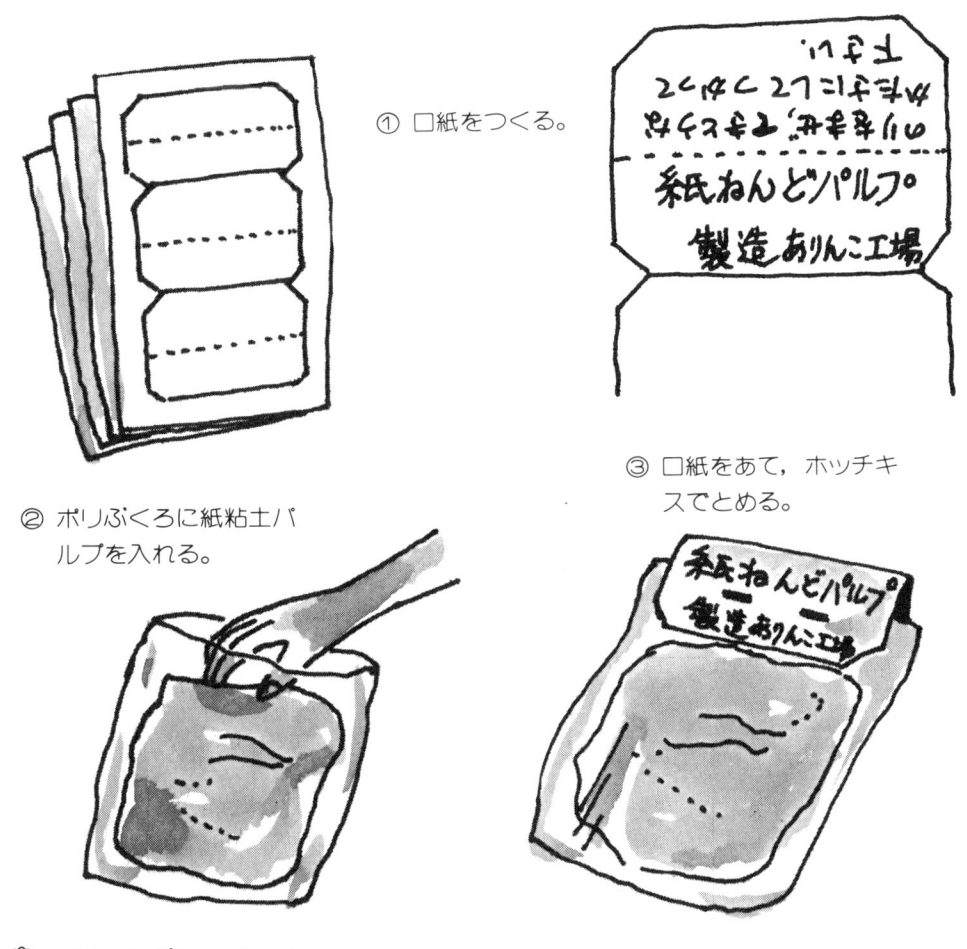

① 口紙をつくる。

② ポリぶくろに紙粘土パルプを入れる。

③ 口紙をあて，ホッチキスでとめる。

❀ **インテグレーション**

　最近，施設と学校のインテグレーション（総合，統合）が問題になっています。重度，重症児施設でも，施設内学級がふえつつあります。そんな時，施設でつくった紙粘土パルプを学校の図工の授業に使い，その作品が，施設の作品展に出品されたりという交流をつみかさねて，管理レベルではなく，現場レベルでのインテグレーションを計る機会をもちたいものです。

木工
その1
カーペンター・ワゴン

❀ **きっかけ**

　大工仕事をしているとかならずみにくる子どもがいます。彼らは，かんなから丸くけずり出されるかんなくずを不思議そうにながめ，道具箱の中を好奇のまなざしでのぞきこみます。子どもたちに木工をやらせてみては……と考えました。

❀ **アイデア**

　まず道具をそろえ，子どもにあうように柄の調節などをしました。つぎに専用の道具箱をつくろうと考えました。せっかく専用につくるのですから，子どもたちのよろこぶように，また興味をもつように，使いやすいようにいろいろ考えました。

(1)　道具箱を，移動しやすいように車をつけ，おせるようにハンドルをつけました。

(2)　道具箱としてだけでなく，作業台としても使えるようにし，万力をとりつけました。

(3)　道具だけでなく材料もはいるようにしました。

(4)　道具および材料の出し入れは，ひき出しにせずにちょうつがいをつけた上ぶた式にしました。こうすることにより，作業中になかのものをとりだしたい時も，からだをうしろへ移動させる必要がなくなり，わずらわしさからくる移り気を防げます。

(5)　箱というイメージから脱却するために，デザインを工夫しました。丸型の窓をつけて，はこの中のものがみやすいようにし，穴あけ作業につかえるようにもしました。この穴はデザインの重要なポイントでもあります。

❀ **カーペンター・ワゴンのつくりかた**

　道具箱兼作業台兼運搬車ということになるのですが，時代の要請にしたがいカーペンター・ワゴンという名前にしました。

（材料）

12mmベニヤ板。くぎ。20×40mm角材。40×40mm角材。いらなくなったモップの柄またはほうきの柄。ちょうつがい。小型万力。小径ワッシャー。

（道具）

のこぎり。回し引きのこぎりまたはジグソー。かなづち。ドリル。かんな。曲尺。コンパス。

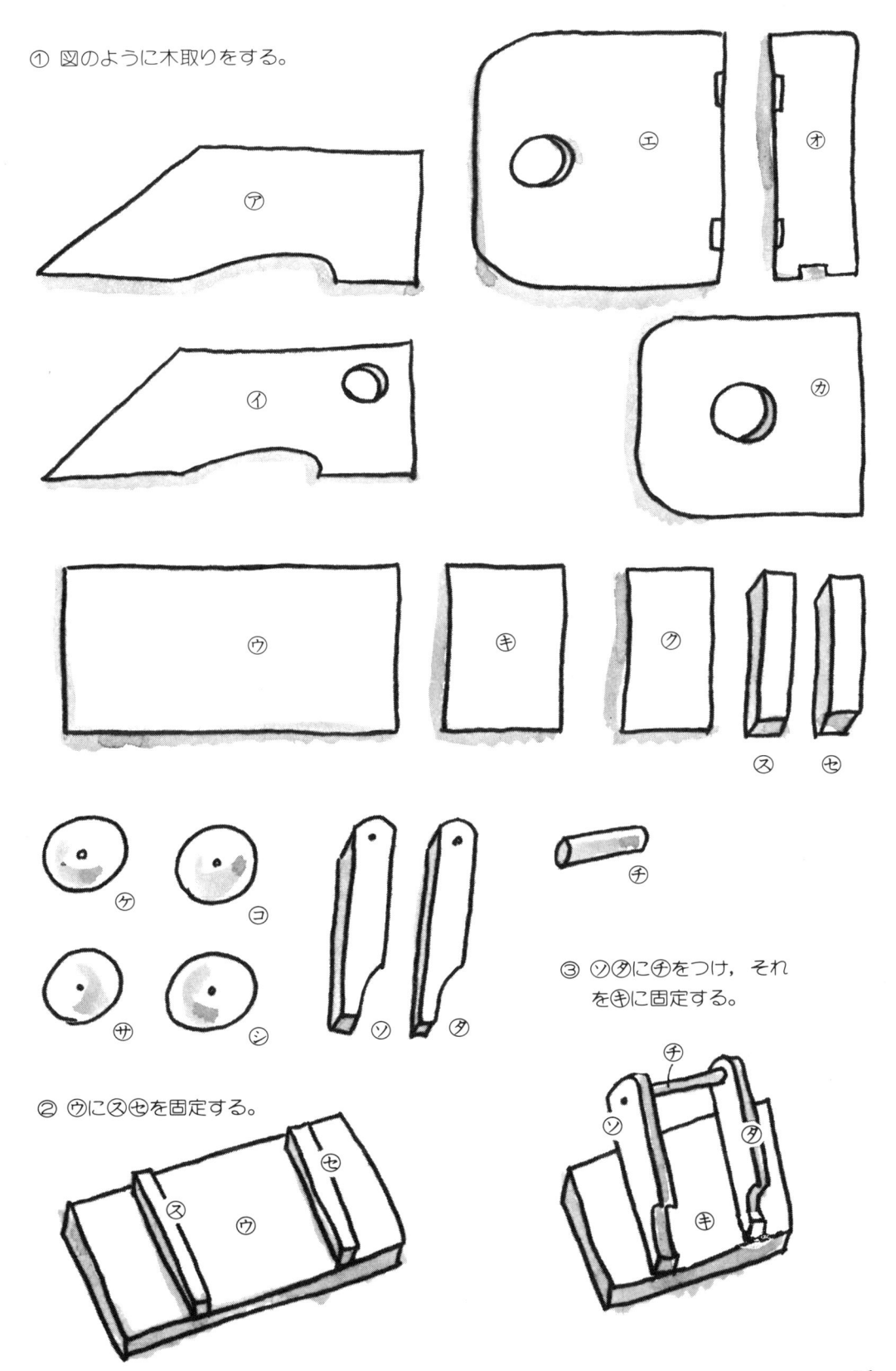

2　手仕事

① 図のように木取りをする。

② ウにス　セを固定する。

③ ソ　タにチをつけ，それをキに固定する。

④ ②③⑦④⑰を図のように組立てる。

⑤ ④に車輪②③⑪を取りつける。

②は底へ

⑥ ⑤に③をつけ，チョウつがいで④③をつなぐ。

万力

円柱を用いた。親指の対向訓練用である。

上に開くようになっている。ひきだし式にすると，道具の出し入れのとき，いちいちうしろへさがらねばならない。足の不自由な子が多い。彼らが動かなくてもいい方法がこれである。

穴あけ作業用に丸くあけた。

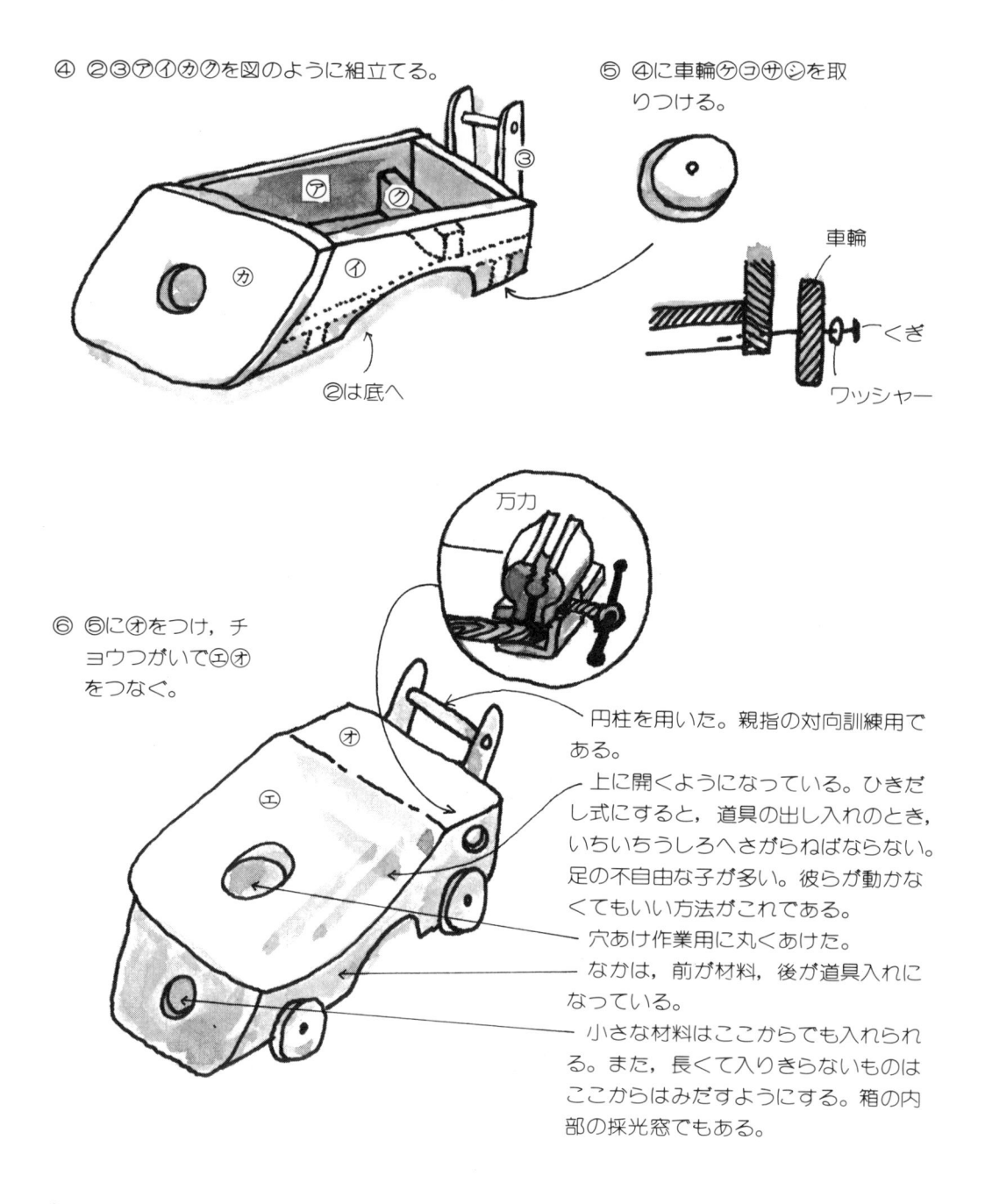

なかは，前が材料，後が道具入れになっている。

小さな材料はここからでも入れられる。また，長くて入りきらないものはここからはみだすようにする。箱の内部の採光窓でもある。

❀ 道具はたいせつ

　カーペンター・ワゴンがあれば，子どもはすきなときにすきなところで仕事をすることができます。そしてすきなときにすきなところで仕事をするには，道具や材料が整備されていなければならないことを自然に理解するでしょう。道具のたいせつさは口でいってもなかなかわからないものです。知的障害の子どもたちにものを理解させるには，そのものと対置する臨場感が必要だと思います。

木 工 その2　　木工作業の実践

❀　製作活動の前提

　手仕事の根本的な考えはすでにのべてきましたが，木工作業においても，子どもたちの条件が先行します。木工作業の前提を明確にしてみましょう。

(1)　簡単に入手できる材料の使用。
(2)　作業が簡単なこと。
(3)　作業内容がバラエティーに富んでいること。たとえば，切る，けずる，穴をあける，みがく，ほるなど。
(4)　状況の再生がすぐできること。（作業場があれば，作業が中断しても状況をそのままにしておけますが，施設，とくに重症児施設のように部屋を重層的に使っているところでは，中断するたびにあとかたづけをしなければなりません。だからかたづけやすく，またひろげやすい，つまり状況再生が容易であることが重要なポイントです。）
(5)　子どもの可能性の合成でどんな仕事ができるかを検討する。
(6)　製品の有用性が実感されること。
(7)　一定のパターンで同じ製品がいくつもできること。

❀　小ものほしづくりの実践

　以上の前提にもとづいて，図のような，ハンカチやくつしたをほす小ものほしを子どもたちといっしょにつくりました。これをつくったグループの子どもたちは，1人をのぞいて，手に障害がありましたが，みんな作業プログラムにしたがって自分の作業分を意識しながらとてもがんばってやっていました。

（材料）
20×40mm程度の廃材。洗濯ばさみ。太いはりがね。細いはりがね。ラッカー。シンナー。

（道具）
のこぎり（小型のもの）。かんな。きり。電気ドリル。サンドペーパー。サンダー。やすり。ペンチ。ラジオペンチ。万力。はけ。空かん。クランプ。

　つくりかたは，簡単なのではぶきます。「はたおり」のところでものべましたように，木工にも多くの介助が必要です。ドリルやサンダーは子どもだけではつかえません。しっかり手をそえていっしょにやりました。子どもたちは，モーターの震動がじかに手につたわり，真剣な顔をしていました。

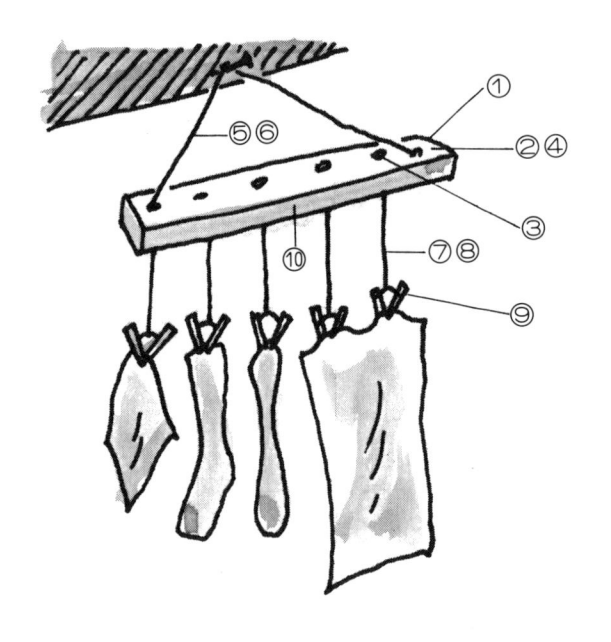

❀ 固定金具は必需品

障害の重い子どもに作業をさせる場合は，しっかりと作業対象物が固定されていることが理想的です。一方の手で木をおさえ，他方の手にのこぎりをもって木をきるというようなことはほとんどできません。万力やクランプでとめると作業もしやすく，介助の手を他に回すことができます。そして，クランプや万力を作業の場にもちこみますと，不思議にも実感がわいてくるのです。

❀ 作業分析表

参考までに作業分析表を紹介しましょう。木工にかぎらず，いろいろな作業でこういうものをつくっておくと便利です。

作業内容	材料	道具	図番号
木をきる	半たる木	のこぎり，クランプ	①
けずる	半たる木	かんな，万力	②
穴をあける	半たる木	ドリル，万力	③
みがく	半たる木	やすり，サンドペーパー，万力	④
太い針金を切る	太い針金	ペンチ	⑤
山形にまげる	太い針金		⑥
細い針金を切る	細い針金	ラジオペンチ	⑦
ホックをつくる	細い針金	ラジオペンチ	⑧
洗濯ばさみの取りつけ	洗濯ばさみ	ラジオペンチ	⑨
塗装	ラッカー シンナー	はけ，あきかん	⑩

スケッチブック，メモ帳をつくろう

❀　**きっかけ**

　買いものをしたときの包装紙や紙袋はためようと思えばすぐたまります。これを手仕事の素材としてつかえないかと考えました。

❀　**アイデア**

　上からおさえる単純な動作と素材との接点をもとめると，ホッチキスでとじたり，パンチで穴をあけ，ひもとじしたりする作業が思いあたりました。包装紙や紙袋はひらいて，あらかじめ同じサイズにきりそろえておくとすぐにとじられます。裏白のチラシ広告などをとじればそのままつかえます。

❀　**作業過程**

(1)　包装紙や紙袋，チラシを集めます。前もって集める日を広告しておいて，散歩の時にもらい集めるという方法もあります。
(2)　集まった包装紙や紙袋，広告をサイズをきめて切っておきます。断裁機をつかってできる子がいたら介助していっしょに切りましょう。
(3)　適当な厚さにたばねて，ホッチキスで子どもたちにとめさせます。ホッチキスは大型の方が使いやすいでしょう。またパンチで穴をあけてリボンでくくってもおもしろいでしょう。

❀　**発展**

　米袋などをひらいて大型のをつくり，作品アルバムにしてもいいと思います。四つ切りの画用紙が楽に貼れるでしょう。

❀　自分でつくり，自分で使う

　紙粘土パルプもそうですが，スケッチブックも自分でつくり，自分で使うことができます。少しもののわかった子には廃物利用の意味やつくったものを使う意義を自然にわからせることができるのではないでしょうか。

❀　たくさんつくって……

　自分で使うだけでなく，自分がつくったものが人のためになるというよろこびが労働のよろこびでもあると思います。子どもたちなりにそういう感じをもってほしいと思います。たくさんつくって，広くつかってもらうようにしましょう。メモ帳などは電話のよこなどにおき先生も使っているということを宣伝しましょう。また学校と施設のインテグレーションの機会としても。

❸ 造形活動

　重い障害のある子どもたちの造形活動のねらいは次の諸点にあります。
(1)　なにももっていない手に何かをもたせる機会を与える。
(2)　材質の異なったいろいろなものに触れる機会をもたせる。
(3)　目と手の協応を促す。
(4)　図と地の区別ができるようにする。(たとえば，画紙と机)
(5)　指や手首の運動になる。
(6)　動作を意識化する。(動作から行為へ)
(7)　なにかをつくっているよろこびの感じをもつ。
(8)　つくりあげたよろこびの感じをもつ。
(9)　道具を理解する。
(10)　行為の保存。

　(10)の行為の保存というのは指導者サイドの問題です。たとえば，ある子どもが画用紙をクシャクシャにしたとしましょう。その子は何かの心の動きに従ってその行為をしたのです。そこで，それらを作品として残すくふうをすること，それが行為の保存です。つくられたものはみな行為が保存されたものなのですが，障害の重い子どもたちの行為に鋭い視線を向けるためにも，あらためてこの考えが必要であると思います。

　造形活動は，子どもたちにやらせるだけでなく，担当者自らもその中にはいりこんで，作品をたのしくつくりあげましょう。担当者のほおについた絵具が，どれだけ子どもたちをわらわせ，一体感を感じさせることか容易に想像がつくことでしょう。

ローラー・ペインティング

❀ きっかけ
　くるくるまわるものに興味をもつ子どもがたくさんいます。その子らの興味を造形活動に生かすことができないでしょうか。

❀ アイデア
　くるくるまわることと描くことのコンビネーションを考えると，当然ローラーが浮かんできます。塗装用のローラーや孔版用のローラーなどがあります。でも，どれも大きすぎますし，ベタぬりになってしまいます。そこで小型のローラーをつくり，それに布をまくことを思いつきました。それによって織り目が模様のように出てきれいで，また絵具がむらなくのるようになります。

❀ ローラーをつくる
（材料）
丸棒（使わなくなったモップの柄など）または木製糸まきの耳をきったもの。帯または服の芯地。はりがね。接着剤。

（道具）
のこぎり。はさみ。ペンチ。ドリル。

① 丸棒を5cmくらいに切り，それに穴をあける。

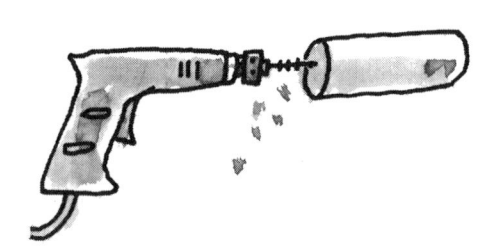

② 穴にはりがねを通し，下のようにまげる。

このはりがねのまげかただと，ローラーが横にきたときまわらなくなる。かならず右図のようにローラーの両はしで1回ねじること。

③ ローラーに芯地をはる。

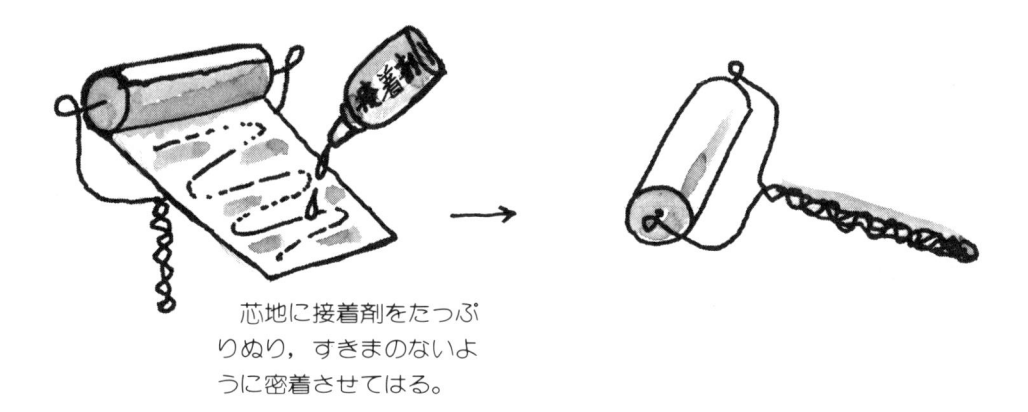

芯地に接着剤をたっぷりぬり，すきまのないように密着させてはる。

❀ ローラー・ペインティングの方法

（用意するもの）

ペインティング・ローラー。絵筆。プラスチック板（パレットとして使う）。ポスターカラー。パレットナイフまたはへら。あきかん。ぬれタオル。ぞうきん。バケツ。新聞紙。

(1) プラスチック板の上に，すきな色を3色ほどだします。
(2) 水を2，3滴たらして，それぞれの色をパレットナイフまたは絵筆でこねます。
(3) ローラーをプラスチック板の上でころがし，絵具をつけます。ローラーに部分的にちがった色をつけるとおもしろい絵になります。
(4) 新聞紙の上で絵具のついたローラーを軽くころがし，ローラーに貼った布になじんでいない絵具をとりさります。
(5) 画用紙の上でローラーをころがして絵をかきます。一度にローラーにつける絵具は1～3色ぐらいが適当ですが，ローラーを洗うか，別のローラーをつかえば何色でも使えます。もちろん混色して新しい色をつくることも可能ですし，一度ぬった上にまたローラーをころがす重ねぬりも独特の味があります。

❀ ローラー・ペインティングの特長

(1) 子どもが道具（ローラー）に興味をもちます。
(2) 取手がはりがねでできているから，子どもの手のぐあい，動きの方向によってフレキシブルにアングルがかえられます。
(3) 回転体のため，スムーズに描けます。
(4) タッチの意外性からでてくる興味。筆で描く絵とは一味ちがいます。
(5) スピード感があります。
(6) 筆の絵とくらべて，色のにごりがすくなく，美しい仕上りになります。

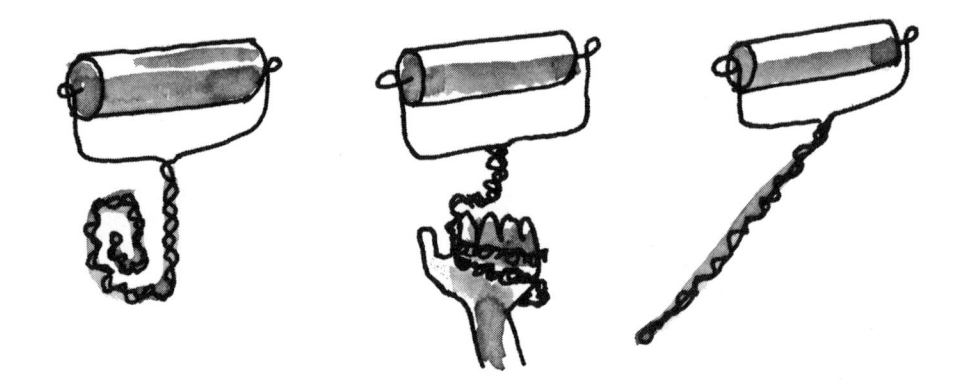

取手のかたちが図のように自在にかえられます。

✾ 造形活動担当者の心がまえ

　施設（とくに重度や重症児施設）では，雑用におわれてなかなか造形活動にとりくむことができません。しかし常に教材が整備されておれば，少ない時間でもフルに使えます。整備の仕方をくふうしましょう。よくわかる子には自分のものとして教材の自主管理をさせるのもいいですが，そのような子はこの本の対象外です。たとえばこんなのはどうでしょうか。

　まずそろえておくもの。

(1)　造形の道具入れ——プラスチック製衣裳かん。

(2)　絵ふで。ペインティングローラー。

(3)　パレット——プラスチック製ガラスの切れはし。（角をまるくけずっておく。）

(4)　筆洗い——空かんバケツ。（「砂あそび」のところを参照。）

(5)　パレットナイフ。へら。竹べら。かきべら。スプーンべら。（へら作りは粘土のところでのべます。）

(6)　ナイフ。彫刻刀。カッター。はさみ。

(7)　のり。接着剤。ほそいはりがね。

　以上のようなものを(1)のプラスチック衣裳かんに整理して入れておきますと，そのはこをとりだすだけでたいていの造形活動に応じられて，時間の節約になるばかりか，いろいろな用具がそばにあることにより，造形活動のはばもひろがります。その他に，これは障害の重い子の造形活動には欠かせないものとして，専用のタオルとぞうきんとバケツを用意したいものです。障害の重い子はあたりをよごしやすく，担当者がそのことにあまり気をつかうとのびのびした造形活動はできません。

3 造形活動

フロッタージュ画法

❀ **きっかけ**

　筆圧の高い子どもたちは，筆をもって描く絵がうまくいきません。かといってクレパスやクレヨン，フェルトペンばかりつかっていたのでは興味もひろがりませんし，作品がどうしても線的になります。この線的な絵を面的な絵にかえる方法はないものかと考えました。

❀ **アイデア**

　幼いころ，ノートの下に硬貨をしいて上からえんぴつでこすり，硬貨の模様を浮き出させるあそびをした人はかなりいらっしゃると思いますが，フロッタージュ画法というのはまさにそのあそびと同じ方法なのです。ボール紙の台紙にボール紙をきってはったものを和紙の下にしき，上から絵具のついたたんぽでこするのです。

❀ **用意するもの**

（材料）

ボール紙（菓子箱。便箋についている厚紙などで十分）。障子紙。クレパス。ポスターカラーまたはチューブ入り絵具。白い布きれ。わた。糸。セロハンテープ。新聞紙。のり。

（道具）

プラスチック板（パレット）。絵筆。パレットナイフ。カッター。はさみ。空かん。ぬれタオル。ぞうきん。バケツ。

❀ **方　法**

(1)　布きれにわたを包み，糸でしばって直径 3 〜 4 cm のたんぽをつくります。一人分で 5 〜 6 個必要です。

(2)　障子紙をボール紙よりひとまわり大きく切ります。一人分として，ボール紙 2 枚，障子紙 1 枚を使います。

(3)　ボール紙の 1 枚に子どもたちに絵をかかせます。クレヨン，えんぴつなど，なにでかいてもいいです。

(4)　はさみやカッターの使える子には，描いた絵を切りぬかせます。はさみが使えない子の場合には，担当者が切ります。スクリブルが多いので，どこを切っていいのかわからない場合が多いですが，線に力のはいっているところなどを担当者が判断して切ります。担当者と子どもたちとの合作になります。

81

(5) 切りとった絵をもう1枚のボール紙の上に子どもたちの好きなようにおかせます。この際、絵と絵がかさなってもかまいません。むしろかさなっていた方がおもしろい作品になります。

(6) 気にいったようにおけたら、その裏にていねいにのりをつけて固定します。この時つかうのりは、乾きがはやく、接着性の強いものをえらんでください。

(7) 絵と絵がかさなっている部分は、下になった絵の輪郭がいかされるように、ボールペンの尻などでおさえてくっつけてください。

(8) 子どもにすきな色を5，6色えらばせて、プラスチック板の上に間隔をひろくあけて置きます。ポスターカラーをびんから出す場合は、パレットナイフかへらをつかいましょう。

(9) 障子紙で(7)を図のようにおおい、セロハンテープで固定します。

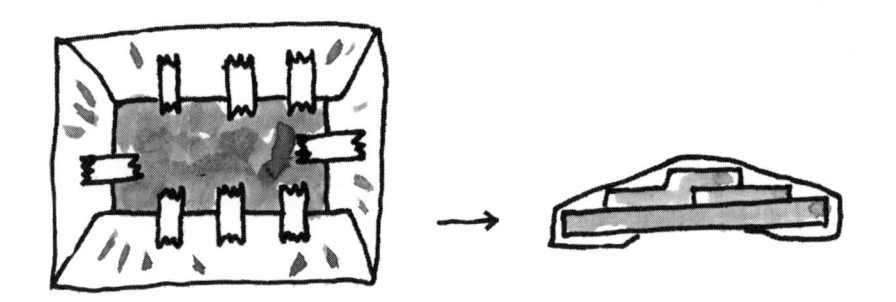

(10) たんぽを軽くしめらせ、絵具をつけます。新聞紙の上でぎゅっとおさえて絵具をたんぽの布に十分なじませ、新聞紙の上をかるくこすってみてベタッと絵具がつかない状態にしておきます。

(11) うすい色のついたたんぽから順に(9)の上をこすらせます。(10)で十分絵具をなじませておけば子どもが力をいれすぎてもベタッと絵具がつく心配はありません。こうしてだんだん濃い色をぬりかさねていきます。部分的に色をかえるこ

とは自由ですが，1つのたんぽで1色しか使わないという原則がだいじです。

きりぬいて貼った絵の輪郭の部分は強い線として，かさなったところはソフトな線としてうかびあがってきます。

(12) 絵具が乾いたら，中のボール紙をはずし，できあがった絵を別の台紙にはりましょう。

❀ フロッタージュ画法の特長

(1) 下から絵がうきだしてくることのおもしろさ。
(2) いろいろなプロセスがあり，参加のはばをひろめることができます。
(3) 1枚の原形で色をかえて何回もつかえます。

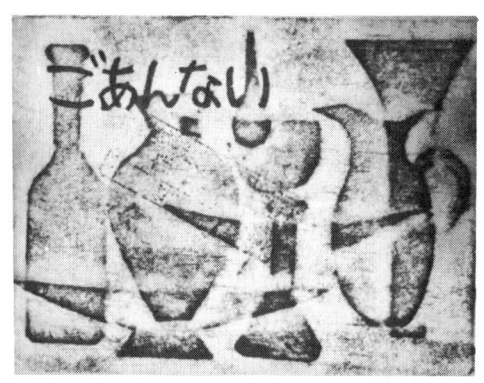

クリーム画

❀ きっかけ
　フィンガーペインティングは文字通り指をつかって描く絵です。しかしせっかくのり絵具をつくるのですから，もっとほかの画法を考えだしてもいいのではないでしょうか。

❀ アイデア
　のり絵具を指でぬりつけるのがフィンガーペインティングですが，指だけでなく，木片やへらやスプーンなどを使ってもおもしろいと思います。へらで描き，その上からまた指で描くというように，のり絵具の時はフィンガーペインティングだという考えをとっぱらいましょう。もはやフィンガーペインティングではありません。のり絵具がクリーム状をしているところから「クリーム画」ということにしました。

❀ 水と，そして太陽と
　造形活動は身体のよごれや衣服のよごれをある程度覚悟して行う必要があります。とくにのり絵具をあつかうような時はよごれかたもひどくなります。ですから夏の衣服の少ない時に計画するのがいいでしょう。水と，そして太陽と，クリーム画にはこの2つが欠かせません。

❀ 用意するもの
（材料）
絵具（ポスターカラーまたは粉絵具）。小麦粉を煮てつくったのり，または洗濯のり。画用紙。模造紙。

（道具）
空かん。描くもの（スプーン。へら。割り箸。びんのふたなど）。画びょうまたはセロハンテープ。ぬれタオル。ぞうきん。バケツ。ベニヤ板。

❀ 方　法
(1)　前日に，小麦粉を煮てのりをつくり，絵具をまぜて空かんに入れておきます。3色ぐらいで十分です。
(2)　子どもの着衣を最小限にします。真夏なら水着でもいいでしょう。
(3)　参加者の各々にベニヤ板と画用紙をくばり，画びょうもしくはセロハンテープで画用紙を板につけておきます。
(4)　用意しておいた色の中からすきな色を1色えらばせ，その色をスプーンで山

もりすくって，画用紙の上におきます。
(5) スプーンやへらや割り箸やいろいろなものを示し，どれを使ってもいいことを教えます。指や手のひらや足指をつかってもいいことを教えます。
(6) 子どもたちに自由に描かせます。途中で色をかえない方がいいでしょう。ただし，緑と黄色，赤と白などまざってもきれいな色ならさしつかえありません。

✿ 新しい抵抗

筆のように，サラリとかけるのではなく，指やその他のもので描く時，少し抵抗があります。これがまた子どもたちにとってたのしいものになっています。どろあそびのたのしさ，いじくりまわすたのしさ，ぬりつけるたのしさがそこにはあります。新しい抵抗がたのしさをつくります。

✿ ひろがり

やっているうちに紙の上だけで事がすまなくなります。顔や体に色をつけるようになります。世界の多くの民族文化に刺青があるように，人間は身体を着色したい無意識の欲望をもっているのかもしれません。

あきかんローラー版画

❁ きっかけ

とある造形活動の日に何かユニークな版画の方法はないものかと考えていました。そこへ筆洗いに使っていた空かんがころがってきました。空かんの側面にはポスターカラーがベットリついており，かんの回転に応じて卵形のポスターカラーがたたみの上に規則正しく点々とついていくのを見て，これだと思いました。

❁ アイデア

径の大きなローラーそのものを版としてつかうことをおもいつきました。といっても，この方法はすでに輪転印刷機に使われており，とくに新しいアイデアというわけでもありません。ただ大きなちがいは，輪転機の軸は固定されているのに対して，ローラー版画は軸をうごかすことによって刷りあげる点です。

❁ 用意するもの

（材料）

ジュースやコーラの空かん。はりがね。20×40mm角材。芯地。ボール紙または自転車の古チューブ。絵具。画用紙。接着剤。くぎ。

（道具）

のこぎり。ペンチ。かんな。ドリル。かなづち。プラスチック板。フェルトペン。はさみ。カッター。パレットナイフ。ぬれタオル。ぞうきん。バケツ。

❁ ローラーのつくりかた

① かんの両はしのふたをとりのぞく。

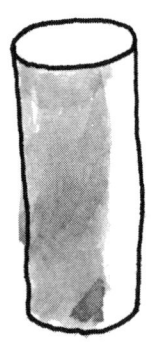

② かんの内径に合わせて，半垂木で図の形を2個つくる。

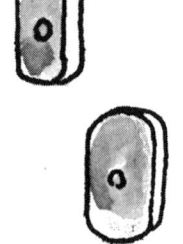

③ ②を①の両はしにはめ，くぎでとめる。

④ はりがねを通す。　　　　　⑤ 芯地をつける。

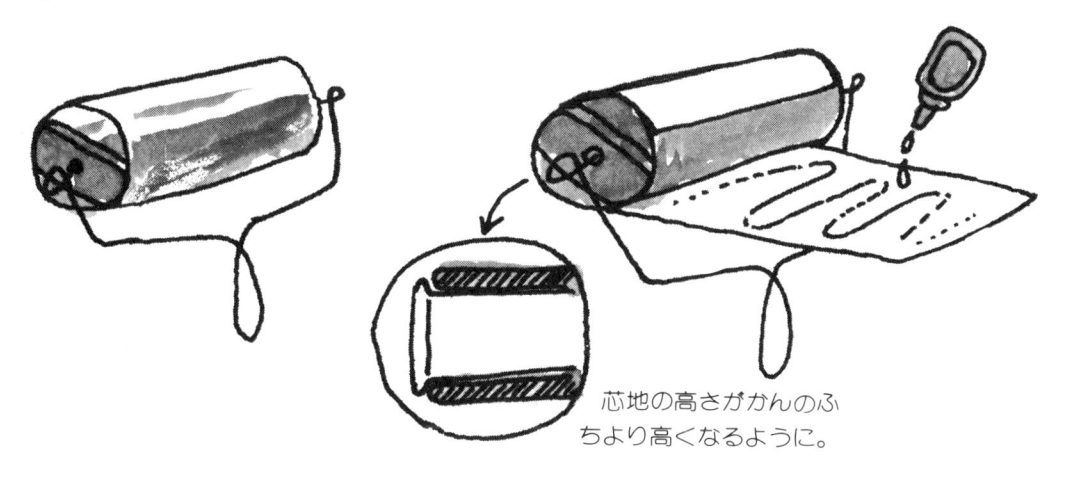

芯地の高さがかんのふちより高くなるように。

❀　ローラー版画の方法
(1) ボール紙にフェルトペンでなるべく小さくすきな絵を子どもに描かせます。
(2) それをはさみかカッターで切りとります。スクリブルの場合は担当者がいい線をえらんで切りぬきます。ボール紙のかわりにチューブに描いて切ってもいいです。
(3) 切りぬいたボール紙（チューブ）をローラーに接着剤できっちりはります。
(4) 凸面に絵具をつけて，画用紙の上をころがしますと版画ができます。

❀　くりかえすたのしさ
　ローラー版画は，同じ模様がくりかえすたのしさがあります。染料を使い，所定の工程をふめば布の型染めもできます。スピード感もあってたのしいでしょう。バースデーカードやパーティー券のデザインとして使ってみてはいかがでしょう。

スチロール版画

❀ きっかけ

発泡スチロールは今や日常生活の深い部分にまではいりこんできています。これを版材として使えば、加工しやすくていいのではないでしょうか。

❀ アイデア

四角いスチロールに、くぎや彫刻刀でほったりけずったりして版をつくる方法は一般的ですが、こまかく割ったスチロールに絵具をつけてペタペタとスタンプ式におしていくのもおもしろいと思います。

❀ 用意するもの

（材料）
発泡スチロール。絵具。画用紙。
（道具）
ゴムローラー。プラスチック板。くぎ。彫刻刀。のこぎり。バレン，または小型ローラー。

❀ 方　法

《その1》
(1) 発泡スチロールを適当な大きさにのこぎりで切ります。
(2) 子どもにスチロールとくぎまたは彫刻刀を与え，すきなように彫らせます。
(3) ローラーに絵具をつけて版面にぬります。
(4) 絵具のついたスチロール版に画用紙をのせ，上からバレンか小型ローラーでこするとできあがりです。

3 造形活動

③ ④

できあがり

《その2》
(1) スチロールを細く棒状にしておき，子どもたちにのこぎりでひかせたり，手で折らせたりしていくつもの断片にしておきます。
(2) スチロールの断片の任意の面に絵具をつけて画用紙にスタンプのようにおしていきます。乾いてから何回も色をかさねてスタンプしていくときれいです。

粘土版画

❀ **きっかけ**

　粘土の板に指やくぎで描いたり，模様をつけたりしてあそびます。気にいったものが描けなかったら面をならしてまたやりなおす。こんなあそびをした人は多くおられると思いますが，この粘土を版材としてつかえないでしょうか。

❀ **アイデア**

　粘土には，けずったり，すじをつけたり，彫ったりできる可塑性があるだけでなく，象嵌性(ぞうがん)とでもいいましょうか，他のものをはめこむこと，うめこむことができる性質があります。これを利用することによって，描いた線と実際の物とが同一画面にでる版画をつくることができます。

❀ **方　法**

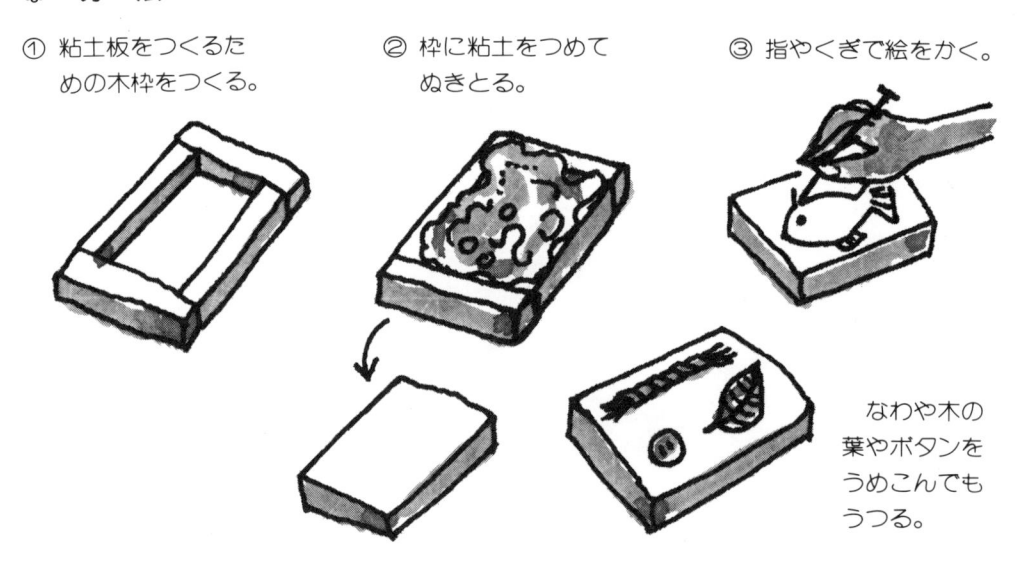

① 粘土板をつくるための木枠をつくる。

② 枠に粘土をつめてぬきとる。

③ 指やくぎで絵をかく。

なわや木の葉やボタンをうめこんでもうつる。

④ 色をつけて，前項「スチロール版画」と同じ要領で印刷する。

❀ **粘土あそびとして**

　造形というととてもかたくるしくきこえるのですが，粘土をたたいたり，のばしたり，こねたり，ちぎったりしてあそぶ粘土あそびのひとつとして粘土版画をすればよいと思います。気楽にやりましょう。

3 造形活動

木の葉の版画

❀ きっかけ

　すきとおるような秋の日の散歩ほどすばらしいものはありません。帰りに木の葉をひろってきましょう。いちょう，楓，柿の葉など。木の葉をつかって何か造形活動をすることはできないでしょうか。

❀ アイデア

　木の葉の造形といえば，画用紙に貼りつける貼り絵，カセイソーダで処理して葉脈だけにしてしおりをつくる方法がありますが，ここでは，木の葉そのものを版材としてつかう版画の方法をくふうしました。

❀ 用意するもの

（材料）

木の葉。画用紙。ポスターカラー。絵具。

（道具）

ローラー（孔版用ゴムローラー。プラスチック板。バレン，なければ小さな塗装用ローラー）。新聞紙。ぬれタオル。ぞうきん。バケツ。

❀ 方　法

(1) プラスチック板の上に絵具を出し，ローラーでよくねっておきます。
(2) 子どもに木の葉をえらばせて，新聞紙の上に木の葉をおき，ローラーで絵具をたっぷりつけます。
(3) 絵具のついた木の葉を別の新聞紙の上におき，その上から画用紙をのせてバレンか塗装用ローラーでこすると，画用紙に木の葉が刷り上がります。葉を何枚もつかって好きな配置で刷ったり，いったん乾いてから別の色の木の葉を刷ってもおもしろいでしょう。

❀ 他の活動と関係をもつ

　造形活動を造形活動だけとしてとらえるのではなく，運動の領域等とからませること，つまり一つの活動の成り立ちが他の活動や生活と関係をもつような，そんな活動がだいじだと思います。木の葉の版画は，それ自体簡単な造形活動ですが，散歩などとの関係によって相互に目的を明確にできる一つのとりくみではないかと考えます。木の葉版画をするために散歩にでましょう。

布貼り絵

❀ **きっかけ**

　古くなった衣類はあんがい始末にこまるものです。しかしすこし手間をかければ、布としての利用価値がでてくるでしょう。平織りやぞうきんの材料としてもつかえます。造形の材料としてつかってみたら……。

❀ **アイデア**

　色紙や卵のからで貼り絵をするのと同様に、布をつかって貼り絵をしました。これだけだとだれでもやってきたことですが、材料づくりを計画的にやるところがアイデアです。

　区分けのついたいれものを用意して、時間のある時にいつでも布の色分けができるようにしておきます。こうしておけば布貼り絵だけでなく、いろいろと布の利用のアイデアが発展するでしょう。

❀ **用意するもの**

（材料）
古い衣類または余りぎれ。のり。ボール紙（ダンボールでじゅうぶんまにあいます）。

（道具）
区画箱。はさみ。

❀ **区画箱のつくりかた**

（材料）
10～12mmベニヤ板。5mmベニヤ板。くぎ。

（道具）
のこぎり。かんな。かなづち。サンドペーパー。曲尺。

① 図のように木取りをする。

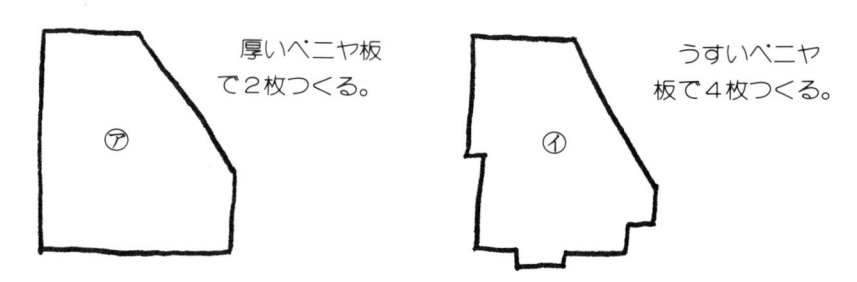

　　　　　厚いベニヤ板　　　　　　　うすいベニヤ
　　　　　で2枚つくる。　　　　　　板で4枚つくる。
　　　　⑦　　　　　　　　　　　　④

3 造形活動

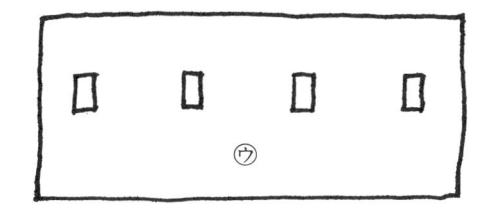

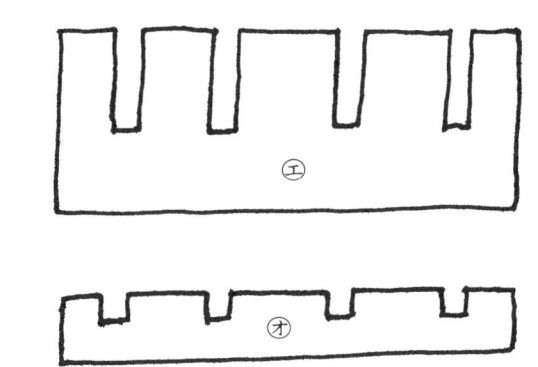

② 組立てる。

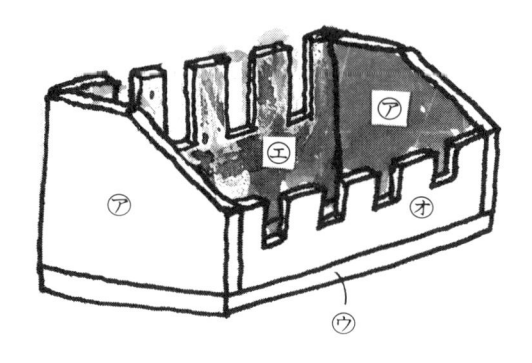

③ ①をはめこんでできあがり。

❀ 布貼り絵の方法

(1) 古い衣類や余りぎれなどをあつめて、だいたい10～15センチ四方の大きさに切ってダンボール箱に入れておきます。布を切ることができる子がいたら作業に参加させます。
(2) ふつうの日になにげなく、布のはいったダンボール箱と区画箱をとり出してきて、子どもたちといっしょに色分けをしておきましょう。
(3) 色べつに分けられた布を1～2センチ角ぐらいに切ります。みんな切ってしまわないで、大きいままのものものこしておきます。
(4) ボール紙に絵をかいてから布をはっていってもいいし、じかに布をはっていってもいいです。方法は自由です。たとえば、おひさまをつくる場合、小さく切った布を何枚も貼りあわせてもいいし、大きなのを1枚丸く切って貼ってもいいです。子どもたちには、貼りあわせる方がやりやすいようです。下地のボール紙がかくれてしまうまで貼ります。
(5) 濃い色の布で4～5cmはばのテープをつくり、貼り絵のふちどりをします。

❀　**色の分類**

　区画箱に布を色によって分ける作業は、色の識別の練習にもなるし、もっと基本的には、所与の基準にしたがってものをわけるという経験にもつながります。色彩感覚の鋭い子なら相対的に色のみえ方がかわることに気づくかもしれません。また、布にはいろいろの種類があり肌ざわりもちがうので、ザラザラしたのはどれ、ふわふわしたのはどれというように感覚とことばとの結びつきをおしえるチャンスにもなります。

❀　**手仕事と造形との結合**

　布貼り絵は、すでにのべましたように、布をあつめ、小さく切り、色別に分類するという日頃の手仕事によって成り立つ造形活動です。たとえ単純な作業でも、やがて次の段階で重要な役割をになう作業というものを設定し、一つの目標にむかって活動を持続させることがたいせつです。布貼り絵や後でのべる紙粘土をつかった造形活動は日頃の「素材をつくっていく」という手仕事が基礎にあってこそ成り立つのです。

なんでもスタンプ

❀ きっかけ

版画でも何でも，重い障害の子には介助が大いに必要です。時には介助なしで，あるいは補助的な介助だけで何か造形活動をしたいものです。どんなものがいいでしょうか。

❀ アイデア

にぎりやすいこと，姿勢をあまりかえなくていいこと，日常の手の動きでいちばん容易なアングルでできることなどが条件となります。そこで考えたのがこの「なんでもスタンプ」です。子どもたちの手の届くところに木片や小さなびんやスプーンや，きゅうりやれんこんのきれっぱしなど，小さくてにぎりやすいものをおいておき，スタンプ台もつくっておきます。画用紙も用意しておいて，子どもたちにすきなものに色をつけてポンポンおさせます。

❀ スタンプ台のつくりかた

おさらの中に絵具をといておき，その上に4つ折りにしたガーゼを入れて絵具をよくしみこませておきます。この上にスタンプをのせて絵具をつけます。

❀ 用意するもの

いろいろな小さなもの（木片。竹。小さなびん。たわし。スプーン。きゅうりやれんこんや玉ねぎの切れっぱしなど）。絵具。画用紙。スタンプ台。ぬれタオル。ぞうきん。バケツ。

❀ 方　法

(1) いろいろな品物を子どもたちのそばにおきます。
(2) スタンプ台や画用紙を用意します。
(3) 子どもに自由に品物をもたせて画用紙にスタンプさせます。

❀ 記念スタンプ

調理実習をした時など，玉ねぎの断面やピーマンの断面をスタンプしておくといい記念になるでしょう。

風　　絵

❀　きっかけ
　ふえをふいたり，深呼吸をしたり，ろうそくの火を消したり，そういう意識的な呼吸調節をする機会があまりありません。呼吸と造形がどうかかわるのかと思われるでしょうが，造形活動にいろいろな要素をとり入れようと気をつけていれば，意外なものにむすびつくものです。

❀　アイデア
　子どもが息をふきかける行為と，それによって紙がとぶことに着眼しました。のりで絵をかき，細かい紙をまいて息をふきかけると，のりのついたところにだけのこった紙が絵になります。紙は新聞のチラシ広告をつかい，それにパンチで穴をあけ，丸くきれた部分をたくさんためて使います。

❀　用意するもの
（材料）
チラシ広告（色刷りのもの）。のり。画用紙。ラップ。セロハンテープ。厚紙。
（道具）
パンチ。絵筆。画びょう。ぬれタオル。

❀　方　法
(1)　色刷りのチラシ広告をあつめます。
(2)　子どもたちにパンチで穴をあけさせます。パンチの中にたまる円形の紙をたくさんつくります。
(3)　板の上に画用紙を画びょうでとめます。
(4)　のりに少し水をまぜ，よくかきまわします。
(5)　筆または指にのりをつけ，絵をかかせます。
(6)　のりがかわかないうちに，円形の紙をふりかけます。
(7)　のりがかわいたら，子どもたちに画用紙の上を吹かせます。子どもたちだけでは十分できませんので，担当者もいっしょにやりましょう。こうすると，のりのついてないところの紙がとびちり，のりで絵をかいたところだけ円形の紙がくっついて残ります。
(8)　できあがったらラップでつつんでおきましょう。

❀ **おす，描く，まく，吹く**

　風絵には，おす，描く，まく，吹くといろいろな動作がもりこまれています。いろいろな動作が含まれていることの利点はいままでにものべてきましたが，いろいろの障害のある子どものグループの合作の場合などはとくにこのことが必要です。つまり，いろいろな動作が含まれることによって参加のはばをひろげることができるからです。

❀ **教材の発掘**

　教材を発掘することがたいせつです。ここでつかったチラシ広告のようにありふれたものからも教材はできます。身近なところにも教材の鉱脈はひろがっています。それを掘りあてるには道具が必要です。その道具はあなたの思考のシャベルです。

箱 絵 塔

❀　きっかけ

　造形活動といっても，それほど大きい作品をいつもつくるわけにはいきません。けれども，ときにはでっかいものにチャレンジしたいものです。ボリュームがあって，しかもたやすくできるものを。

❀　アイデア

　最初から箱絵塔を考えたのではありません。作品展をするとき，限られた狭いスペースでいかに多くの作品を展示するかと考えたとき，箱に絵を貼ってつみ上げることに気づきました。そしてつぎには立体的な効果をも含んで，それ自体を作品としてつくりあげたらどうかと思い，それが箱絵塔のアイデア・ソースになったのです。

❀　用意するもの

（材料）
ダンボール箱（大きさ各種）。のり。クレパス。絵具。ガムテープ。模造紙。
（道具）
はさみ。絵筆。ペインティング・ローラー。はけ。プラスチック板。空かん。ぬれタオル。ぞうきん。バケツ。

❀　方法

《その1》

　ここでは一応，クレパスで絵をかいた上にはけで絵具をぬってクレパスの絵を浮かびあがらせる方法をのべますが，これが決して箱絵塔の骨子ではありません。箱絵塔の目的は絵を立体に位置づけることにあるのですから。今までに紹介したいろいろな画法，またあなたがごぞんじの方法もとりいれて箱絵塔にとりくんでほしいと思います。

(1)　ダンボールのふたをきっちりしめて，弱いものにはガムテープを貼って補強します。

(2)　模造紙を箱の全面にはります。箱にのりをぬる作業や上に紙をのせてはる作業を子どもたちとともにやりましょう。表面にしわができたって気にしないでください。

(3)　子どもたちに模造紙をはったダンボール箱にクレパスで絵をかかせます。その上にはけやふでで絵具をぬらせます。はけぬりは大まかな作業なので，こま

3 造形活動

かいことができない子どもの役割にしたいものです。これで箱絵ができます。
(4) 箱絵をいろいろつみかさねてみて、いい形になった時に、のりをぬって固定しますと、箱絵塔ができあがります。

①
②
③
④

できあがり

《その2》

この方法は，方法《その1》の(3)と(4)を逆にしたものです。つまり先に塔をつくってしまってから絵をかく方法です。すでにできあがった塔からうける感じで，またちがった絵になるでしょう。そして，《その1》では絵は個々の面で独立せざるをえないのですが，《その2》では塔全体が一つの単位となります。わかる子には立体をみとおした上での絵をかかせることができます。

❀　足跡タワー

動きまわる子のためには，彼らの足裏で躍動の軌跡をのこさせたらどうでしょうか。これも行為の保存となるでしょう。

❀　ボリューム

造形活動はともすれば小さくこじんまりとなりがちですが，ときには大きく大胆にとりくむことが必要です。本来造形活動の原点は，地底のマグマのように心の中でドロドロとうねっているエネルギーです。ときには活火山のごとく，多大なもの，無限のボリュームに向かってチャレンジしなければなりません。

3 造形活動

クシャクシャ

❀ **きっかけ**

　絵筆などをあまり持たない子がいます。でもセロハンなどはすきでクシャクシャと丸めたりのばしたりもみくちゃにしたりするといった子もいます。そんな子のそんな動作をなんとか作品に結びつけることはできないものでしょうか。

❀ **アイデア**

　造形活動といってもふつうは平面的なものが主流をしめていますが，立体的観点からすれば，クシャクシャと丸められたセロハンは，その子なりの内面的リアリズムの反映ではないでしょうか。それをそのままの状態で保つ方法を考えれば，「作品化」することができましょう。

❀ **方　法**

(1) 色セロハン，色画用紙，ハトロン紙，アート紙など，材質のちがったものを豊富に子どもたちの前におき，自由にあそばせます。

(2) クシャクシャと丸められたら，セロハンテープで，形をくずさないように気をつけながらくるりとまいてはります。

(3) 名前と日付を明記して糸をつけて天井につりさげたり（クリスマス・デコレーションとして使えます），台紙の上にはりつけたりします。

❀ **行為の保存**

　造形の概説のところでもくわしくのべましたように，「クシャクシャ」は「行為の保存」という考えにたってこそ造形活動の市民権を得ることができるのです。「行為の保存」という考えは重い障害の子どもたちの造形活動や手仕事をはばひろく考えていこうとする際に重要なポイントとなるでしょう。それはまた，子どもたちのあそびや動作におよんでは，「行為の保障」という考えにもつながります。行為の保障については後でのべます。

❀ **特　長**

(1) 道具をもたない子に向いています。

(2) セロハンや紙であそぶのがすきな子がいきいきしてきます。

(3) 暗い部屋で白熱球の光などをあてて子どもたちにみせれば，またちがった味がでてきておもしろいでしょう。光の意図的使用です。

ひっかき絵

❀ きっかけ

石膏を使って何か造形活動をと思ったのがきっかけです。石膏を使うというと，なにか彫刻でもと考えますが，もっと手軽なものを，おもしろいものを……。

❀ アイデア

かわり玉の原理です。かわり玉は，いろいろな色の層でできたアメ玉で，なめていると色がかわりますが，これにヒントを得て，石膏を利用して色の層をつくった画材を用意し，筆圧の加減によって色がかわるようなものをつくりました。

❀ 用意するもの

（材料）
厚紙またはベニヤ板にサンドペーパーをかけたもの。絵具。石膏。

（道具）
竹べら。かけなくなったボールペン。空かん。

❀ 方法

(1) 厚紙に濃い色で地ぬりをします。
(2) その上に，溶いた石膏をぬります。へらを使ってうすくまんべんなくぬります。
(3) その上にまた色をぬり，石膏をぬって，また色をぬります。
(4) 充分かわいたらボールペンでひっかくようにして絵をかきます。ひっかいたところに地ぬりの色がでます。筆圧によって色がかわります。
(5) 仕上げにはニスをぬりましょう。

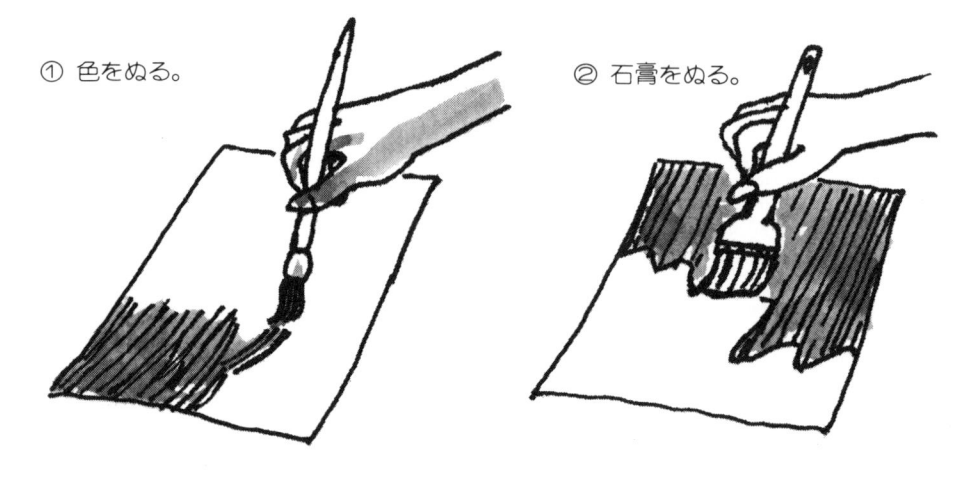

① 色をぬる。　　② 石膏をぬる。

3 造形活動

③ 色をぬる（②と③をくりかえす）。

かわいたら，ボールペンで，
力の入れかたをかえてかく。

✿ **特　長**
(1) ひっかいた中から色がみえてくるので，子どもたちは楽しくかきます。
(2) ひっかく動作ですから，スプーンをもてる子ならたいていできます。

紙粘土モビール

❀　**きっかけ**

　カルダー（アメリカの現代抽象彫刻家）の考案したモビールを子どもたちにもやらせてみようと思いました。風にゆらゆらゆれるモビールはできあがってからも子どもたちの心をとらえるにちがいありません。

❀　**アイデア**

　プラスチックなどで魚や鳥の形になったモビールをよくみかけますが、それらとはちがったものをつくります。素材には紙粘土とはりがねをつかいました。紙粘土であれば手でギュッとにぎるだけでもおもしろい形ができるので、重い障害の子どももはばひろく参加できます。

❀　**用意するもの**

　紙粘土。はりがね。タコ糸。ポスターカラー。絵筆。

❀　**方　法**

(1)　太めのはりがねを図のようにまげる。（次頁図参照。）

(2)　子どもたちに紙粘土をひとにぎり分ぐらいあたえて、自由に形をつくらせます。形をうまくつくれない子には大きなかたまりをあたえてそれをちぎらせてもいいでしょう。

(3)　形ができあがったら、それに糸をつけます。糸は黒くぬっておいてもいいですが、そこまでする必要もないでしょう。糸の先にマッチ棒を3分の1ぐらいの長さにしたものをむすびつけ、針にとおして、紙粘土のなかをとおし、マッチ棒を紙粘土のなかにうめこみます。

(4)　紙粘土に色ぬりをさせます。

(5)　はりがねの両はしにとりつけてできあがり。天井につるしましょう。

❀　**手軽に楽しく**

　紙粘土モビールは紙粘土さえあれば手軽に活動のなかへとりいれられ、しかも、手の自由があまりきかない子も参加してやれます。そのうえ、できた作品で、自分たちの部屋を飾る楽しさも加わります。手軽に楽しくやりましょう。

❀　**自然の味わいもプラスして……**

　はりがねを使うつくり方を紹介しましたが、あなたのまわりに野山があれば、ちょっと散歩の帰りに小枝をとってきて、それをはりがねのかわりに使うのもいいでしょう。子どもたちと自然との合作ができます。

3 造形活動

木の枝を
利用して。

紙粘土レリーフ

❀ **きっかけ**

　紙粘土を使っての造形というと，空びんに紙粘土をくっつけて花びんをつくるというのがポピュラーになっていますが，障害の重い子どもたちにはすこしむずかしいように思えます。とくに，ねそべってしか作業のできない子にとっては，困難度が増すでしょう。ここでは，ねそべって作業をする子のための紙粘土を使っての造形を考えてみましょう。

❀ **アイデア**

　「ぞうきん縫製機」のところでものべましたように，ねそべって作業をする子は上から下への手の動きはいいのですが，下から上への手の動きがむつかしいように思われます。ですから，紙粘土を利用する時も上から下への動きに重点をおいた造形活動を考えねばなりません。この条件をみたすものは何か？　それはレリーフです。

❀ **用意するもの**

紙粘土。ぬき型。プラスチック板（紙粘土作業用）。ポスターカラー。筆。プラスチック板（パレット）。空かん。ニス。はけ。ぬれタオル。ぞうきん。バケツ。

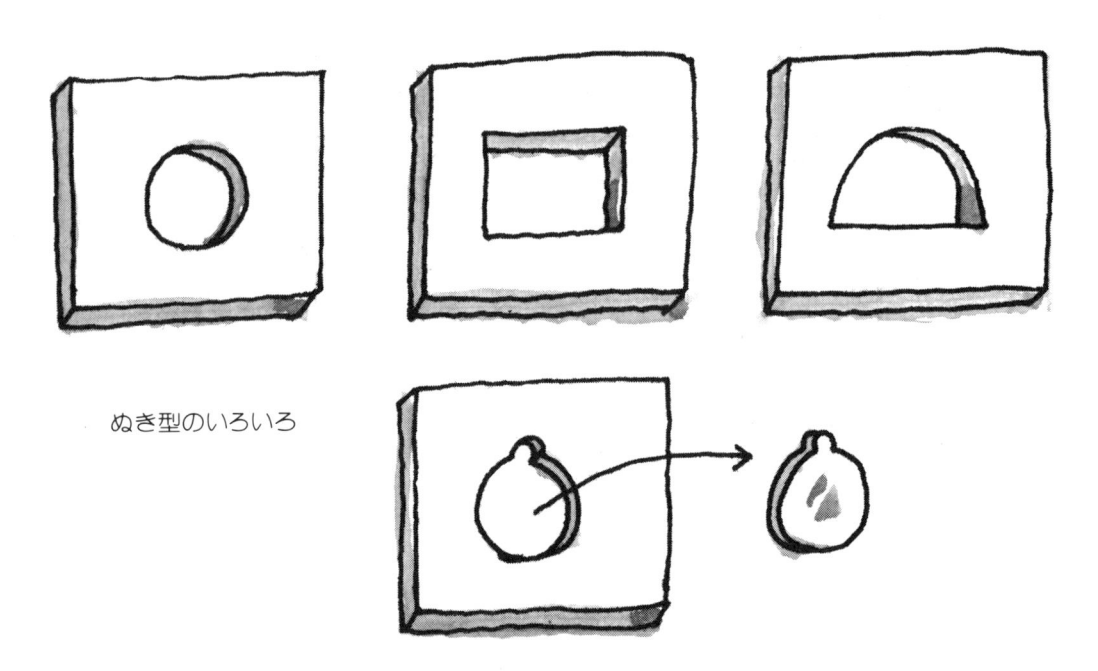

ぬき型のいろいろ

❀ 方　法

(1) プラスチック板の上にぬき型をおき，そこで紙粘土を子どもたちにつめさせます。
(2) 紙粘土がつめられたら，指で彫ったり描いたりして自由にレリーフさせます。
(3) ぬき型をそっととりのぞきます。
(4) 乾燥させます。
(5) 乾燥したら，ポスターカラーで色ぬり。さらにニスをかけます。
(6) 木の台に貼っても，穴をあけてリボンをとおしてもいいです。穴をあける場合は，色ぬりの前にしてください。

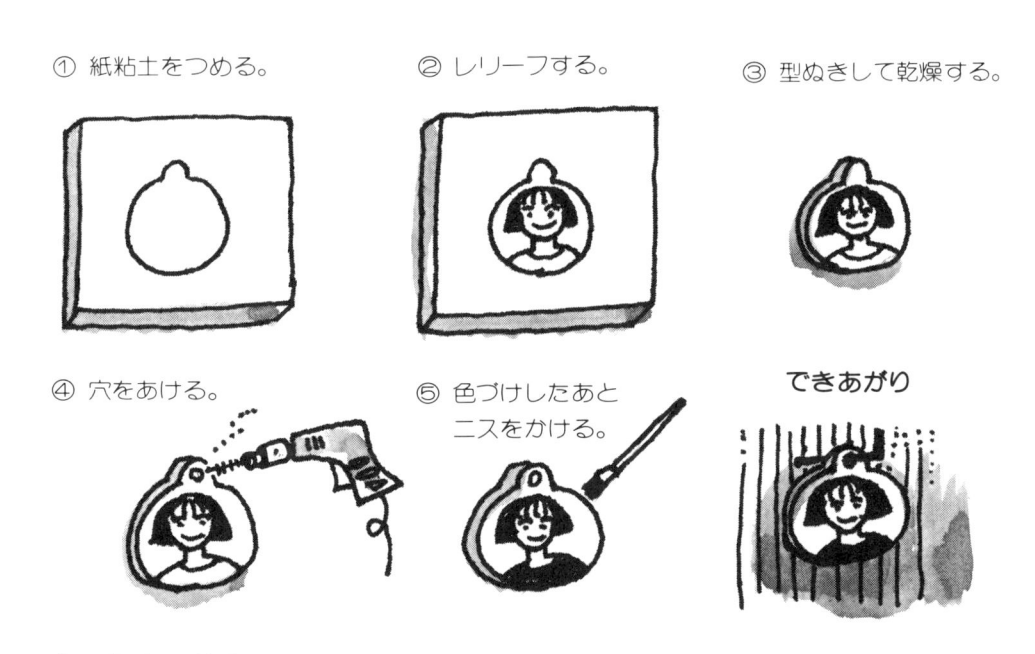

① 紙粘土をつめる。　　② レリーフする。　　③ 型ぬきして乾燥する。

④ 穴をあける。　　⑤ 色づけしたあとニスをかける。　　できあがり

❀ 指先を使う

　レリーフをしている子どもたちのようすをみていると，指先が多様に動いています。つまんだり，おしたり，ひっかいたりというふうに。また，担当者が何もしようとしない子の手をもって，紙粘土にぐっとおしつけている風景もみられます。その時，子どもによっては，手をひっこめる子，中へのめりこませようとする子，ギュッと紙粘土をにぎる子などいろいろです。このことは，一つのことにたいする子どもたちの反応の多様さを担当者におしえてくれているのです。

❀ 紙粘土シリーズとして

　のれんやペンダント，モビール，レリーフなど，紙粘土を使う手仕事や造形を紹介してきましたが，紙粘土を主体としてプログラミングするとき，それらを適宜はめこんでいけば，ロスも少なく，より効果的に目的を達することができるでしょう。

粘土工作の道具

❀ きっかけ

　造形活動のなかで粘土の果たす役割は大きく、それについていまさらなにもいうことはありません。ただ粘土をあつかう場合の道具にはどんなものがいるでしょうか。それを考えてみたいと思います。

❀ アイデア

　竹でつくるへらはポピュラーですが、それにスプーンをたたいてつくったへらを加えました。そのほかにはりがねを使ったかきべらも紹介しましょう。また、以上の各種のへらを子どもたちが使いやすいようにした自助具の工夫も紹介しましょう。

❀ つくりかた

（材料）

竹。20×40mm角材。60×60mm以上の角材。古いスプーン。はりがね（10番, 16番）。

（道具）

のこぎり。ナイフ。かんな。ドリル。かなづち。ペンチ。ラジオペンチ。サンドペーパー。グラインダー。なた。のみ。

❀ 竹べらのつくりかた

竹を半分に割り、図のように切りぬく。

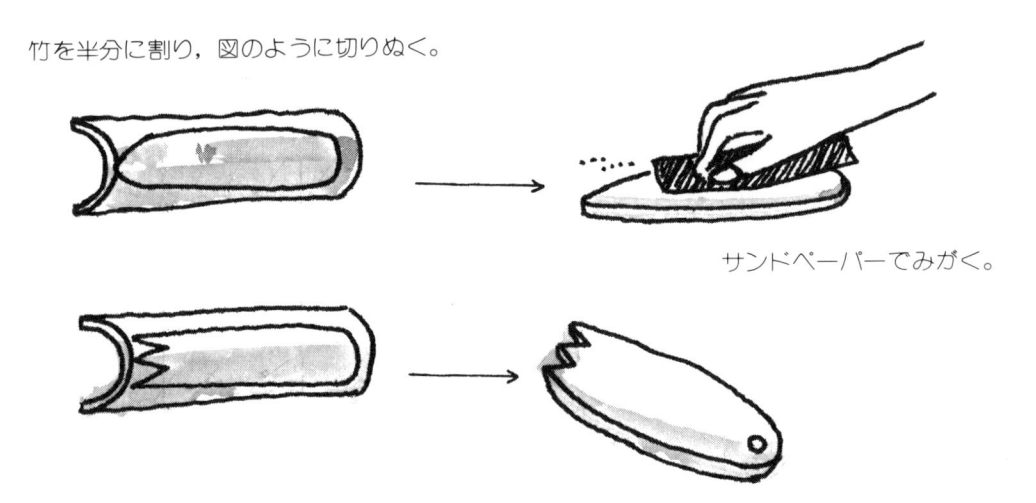

サンドペーパーでみがく。

3 造形活動

❀ かねべらのつくりかた

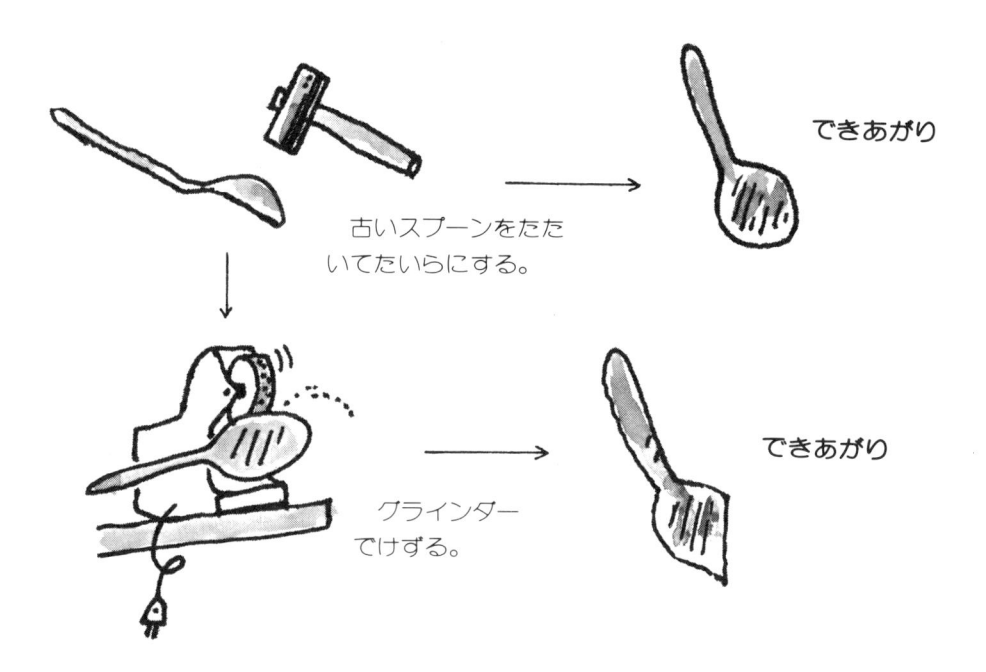

古いスプーンをたたいてたいらにする。

できあがり

グラインダーでけずる。

できあがり

❀ かきべらのつくりかた

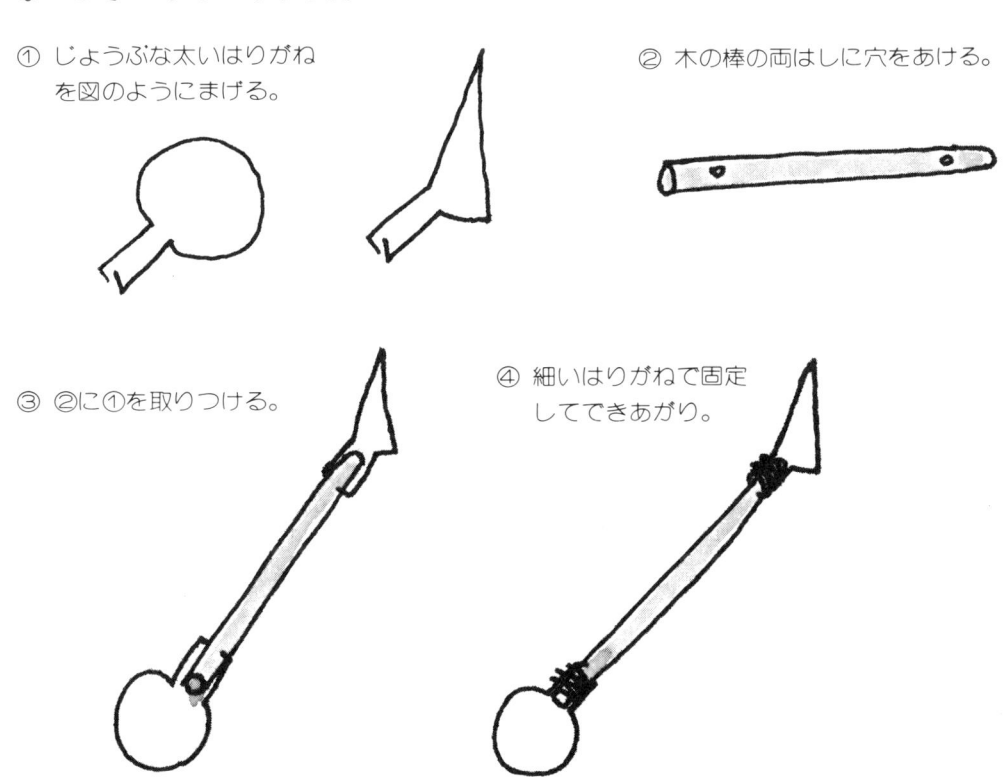

① じょうぶな太いはりがねを図のようにまげる。

② 木の棒の両はしに穴をあける。

③ ②に①を取りつける。

④ 細いはりがねで固定してできあがり。

109

❀　いろいろな自助具（取手）のつけかた

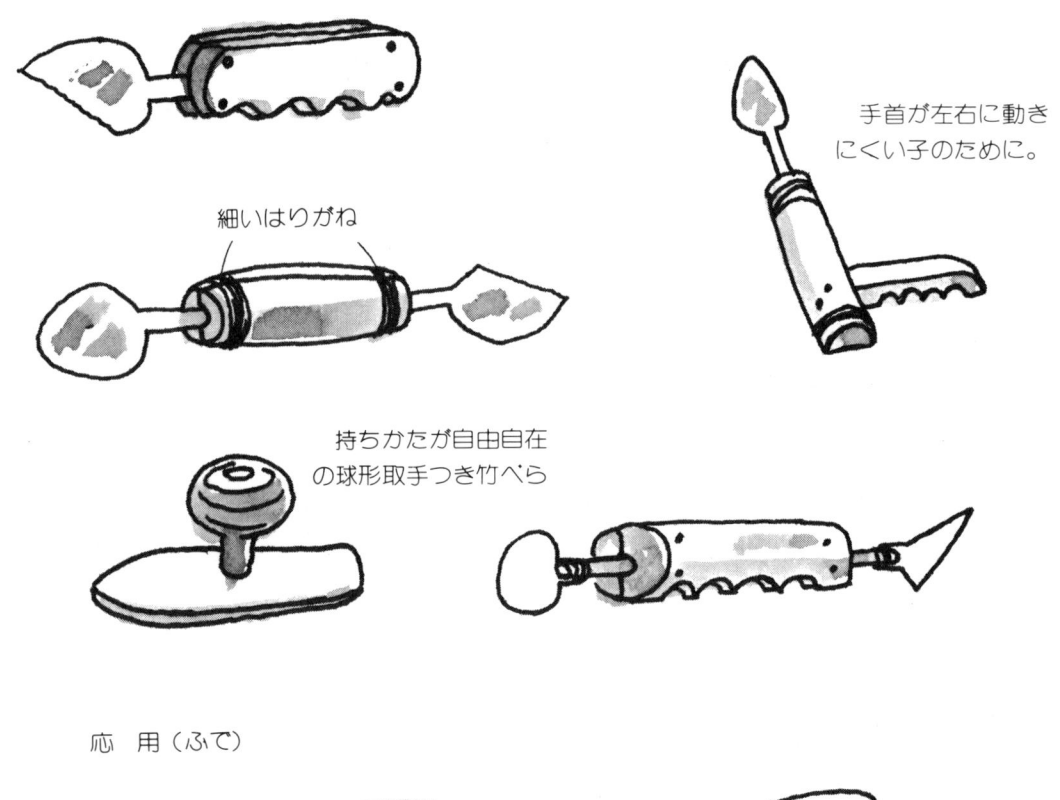

手首が左右に動きにくい子のために。

細いはりがね

持ちかたが自由自在の球形取手つき竹べら

応　用（ふで）

❀　**粘土の与えかた**
　四角いかたまりをぽんと与えて、「さあやりましょう。」といっても四角いかたまりからはイメージのふくらみはのぞめません。不定形、あるいはおもしろそうな形にしてあたえるとイメージが展開しやすいようにおもえます。四角い粘土は「だんまり屋」ですが、不定形の粘土は「おしゃべり」です。
　また、粘土のなかに、棒とかおもちゃとかをうめて、すこしだけみえるようにしておきますと、子どもは、何だろうと粘土からそれをとりだします。とりだされたものは担当者があずかって、形のくずれた粘土でなにかをつくらせるという方法もあります。

3 造形活動

せっけん彫刻

❀ **きっかけ**

　彫刻刀やナイフを使える子，あるいは使えそうな子が少しでもいたら，使える子の場合にはさらなる技術の上達を，使えそうな子の場合には使えるようになることをめざさねばなりません。どんな素材をつかうのがいいでしょうか。

❀ **アイデア**

　最初から木彫などをするのは少し抵抗が大きいように思えます。いろいろ考えましたが，石けんを使うというアイデアがうかびました。石けんを使い，くずは布袋にいれて再利用します。

❀ **用意するもの**

石けん（棒状の洗濯石けんがあれば最高ですが，化粧石けんでよろしい）。彫刻刀。くぎ。布袋。

❀ **方　法**

(1) 　1人ずつに石けん，彫刻刀，くぎなどをくばります。
(2) 　好きなように彫らせます。モデルを使ってもいいです。彫刻刀の使い方を教えましょう。
(3) 　表面をつるつるにしたい時は水のついた布きれでこすります。

❀ **特　長**

　素材が手近にあることと，彫りやすいのが特長です。作品として保存しておいてもいいですが，石けんとしての用途に使ってもいいでしょう。とくに化粧石けんの場合などは，自分で彫った作品で自分の体を洗うこともでき，自分の体を洗わせる強力なモチベーションになるのではないでしょうか。石けんのくずは布袋にいれてむだなく使いましょう。

紙芝居（p. 124）

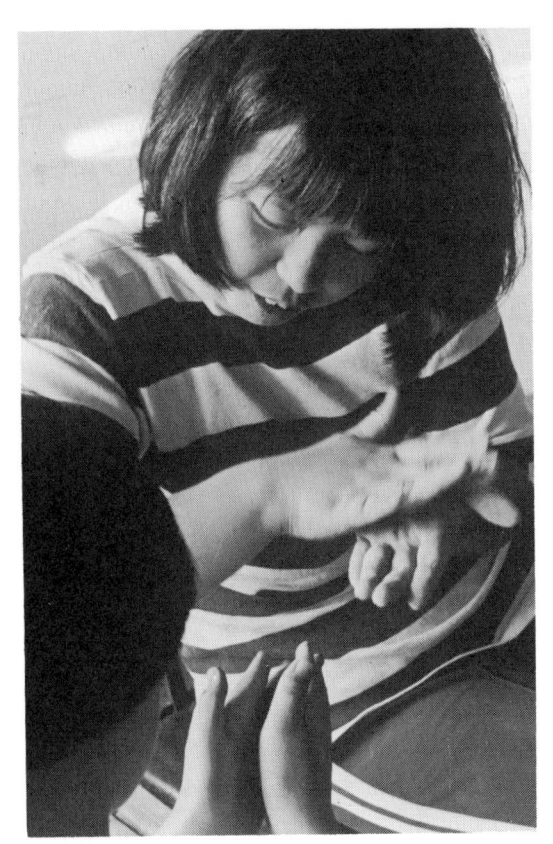

手のひらをつかって

❹ 音楽, リズム, 言語の活動

　生活の中から音楽がきえてしまったら，などと考えただけでもいやな気がします。音楽はそれほど人間の生活にふかくはいりこんでいるのでしょう。

　音楽を活動としてとり入れようとするとき，いつもひっかかってくるのは担当者の「音楽的資質」の問題です。この音楽的資質というのは音楽室のピアノの向こう側で居住いを正している先生と同居しています。重い障害のある子の音楽的活動というのは，音楽のテクニックをおしえることではありません。ピアノがひけるということよりも，むしろ音楽が好きということがたいせつな資質となるでしょう。リスニングタイムを設けたり，習いかけのギターを恥じ入りながらもおずおずと子どもたちの前でひく素朴な心，楽器を自分たちの手でつくって子どもたちといっしょに演奏しようとくふうする心，ロックン・ロールのリズムにのって，子どもたちとともに夢中になって踊れる開放された心。もしあなたがこの3つの心をもちあわせていれば自信をもって音楽的活動にとりくんでください。

　言語を中心とした活動というのは，紙芝居だとか，人形劇だとか，ペープサートのように，担当者が日常会話とちがったかたちで言葉を使う活動，そして子どもたちもその中にまきこんでいく活動のことです。紙芝居や人形劇にはこのような言語的な意味の他に，子どもたちを一定の方向にむかわせ，集中力をやしなうという効果も重要なポイントとなっています。また子どもたちの前でしっかり話すことは，担当者の職業的訓練にも役立つでしょう。

ゴーゴー

❀　きっかけ

　ダンスは，楽しいものです。これほど行為のよろこびを感じさせるものはありません。ゴーゴーはリズムにあわせて体をうごかすことができればよく，ステップも気にしなくてもいいのが親しみやすい点です。まずあなたがやってみてダンスの楽しさを体で感じてください。そうすれば，ぜひ子どもたちと踊ってみたいという気になるでしょう。

❀　プランニング

　ゴーゴーは開放より始まります。けたたましい音楽が，激しいリズムが必要です。音量を気にしなければいけないようではおもしろくありません。ですから，どこかのグループが遠足に行くとか，また散歩に行くとかいった日に，また他のグループの日課もみんなゴーゴーに統一するかして，音環境を独占できるようにプランニングすることがたいせつです。

❀　力いっぱいやろう

　子どもたちも，担当者も力いっぱい踊りましょう。子どもたちの体をささえてのダンスはたいへんなことですが，全身全霊うちこんで踊り興じることによってこそゴーゴーの醍醐味が味わえるのです。力いっぱいやってエキサイトして，子どもたちもふだんは出さない大声をだしたり，のびない手足がのびていたりということがあります。これは，子どもたちや担当者がその子にたいしてもっている枠組がダンスをすることによってはずれるからです。

❀　ウオール・ワームをなくそう

　子どもたちはみんなダンスがすきです。むしろ問題は担当者にあるようです。「ダンスなんて」という消極的な態度をしている人がありますが，やはり積極的にはいっていきたいものです。ダンスパーティーのとき，踊らずに壁ぎわに立っている人のことをウオール・ワーム（壁にへばりついている虫）といいます。ウオール・ワームにならないようにしましょう。

❀　時間を決めて

　労働という側面からみれば，歩けない子や立てない子とゴーゴーをすることは重労働です。適当に休憩をはさんで疲労を最小限にとどめましょう。また休憩のときにはお茶とビスケットぐらいを用意しておくと楽しさがますとともに疲労回復にも役立つでしょう。

4 音楽, リズム, 言語の活動

❀ **用意するもの**
カセットテープ, CD など。ステレオシステム。

リスニングタイム

❀ **きっかけ**

施設においては，職員だけでなく，子どもたちもおいまくられた生活をおくっているという感じがあります。たまにはみんないっしょに名曲に耳をかたむけるというのもすてきでしょう。

❀ **オーディオ・ルームで**

オーディオ・ルームといっても，どこにでもあるわけではありません。学校なら視聴覚教室があるでしょうが，施設にはまずないでしょう。ないといって手をこまねいていては何もできません。視覚的刺激をすくなくすることによって音に集中できるということぐらいは実現できそうです。部屋に厚手のカーテンをはるとか，その時だけ暗幕をはるとか，いろいろ工夫してオーディオ・ルームをつくってください。

❀ **曲 目**

クラシックだけでなく，童謡，歌曲，フォーク・ソングなど，バラエティーに富んだプログラミングが望まれます。あらかじめカセットテープにとっておくのもいいでしょう。童話とか，ナレーション付きの音楽，たとえばプロコイエフの「ピーターと狼」もいいでしょう。ディスクジョッキーもたのしいでしょう。子どもたちは楽器のソロをきく機会が少ないので，ヴァイオリンとかピアノとかチェロとかの曲を編集したり，楽器の解説のはいった，ブリトゥンの「青少年のための管弦楽入門。作品34」をきかせたいものです。

4 音楽，リズム，言語の活動

なま演奏

❁ きっかけ
　ステレオから流れる音楽も，テレビからきこえる音楽もそれぞれみな子どもたちの耳にはいり，何らかの作用をしています。けれども，やはり強い印象を与えるのは，なんといっても生演奏でしょう。子どもたちの前で生演奏を。

❁ 弦楽器
　ギリシャ神話に登場する詩人オルフェウスはアポロンから竪琴を習い，竪琴の名手になりました。彼が竪琴を弾いたときには，森の鳥や獣までがそのいみじき楽の音に酔ったといわれています。このように弦楽器はドラムとともに人類が手にした古い楽器の一つです。子どもたちは，弦楽器の演奏をきくのがすきです。バイオリン，チェロ，ギター，手近にある弦楽器をとって子どもたちの中へわけいりましょう。

❁ じょうずへたは問題外
　へただからとしりごみする必要はありません。子どもたちは寛大な聴衆です。そして寛大であるがゆえに辛辣な聴衆です。子どもたちは無言の内にあなたに精進を促すでしょう。子どもたちはこのとき，あなたの先生になります。勇気をもって楽器をたずさえて子どもたちの中へはいっていってこそ，このよき先生にめぐりあえるのです。じょうずへたは問題ではありません。

❁ 楽の音を絶やすな
　楽器のしらべがどこからともなくきこえてくる。そういう施設にしたいものです。音楽が絶えると変化がおこります。せっかく楽器の音に興味をもっていた子も，それがとだえることによって無関心になり，再び音楽のある環境においても，積極的な関心を示さなくなるといったことが実際にありました。たとえ細々としたものでも，絶えざる楽の調べを。

楽器あそび

❁　**きっかけ**

　タンバリンやカスタネット，マラカス，ハンド・ウッド・ブロックなど，子どもたちに手ごろな楽器があります。これらを使ってたのしくあそぶ方法はないでしょうか。

❁　**アイデア**

　京都の夏の行事に地蔵盆というのがあります。子どもたちが主体となる行事ですが，そのしめくくりに，数珠まわしといって，車座になった子どもたちが，大きな数珠を念仏をとなえながらまわすしきたりがあります。それにヒントをえて，ロープに楽器をとりつけてみんなでゆすることを考えました。

❁　**用意するもの**

　旋律の出る楽器（オルガン，アコーデオン，ハーモニカ，リコーダーなど）。マラカス。棒カスタネット。すず。モンキー・タンバリンなど。太いロープ。細ひも（荷づくり用ロープ）。

❁　**あそびかた**

(1)　太いロープで輪をつくります。
(2)　ロープのところどころに細ひも（荷づくり用ロープ）をつけ，それに楽器をとりつけます。
(3)　子どもたちを丸くすわらせて担当者がその間にはいりこみます。
(4)　もう1人の担当者はメロディーの出る楽器を担当します。
(5)　子どもたちにロープまたはロープについた楽器をもたせます。うまくもてない子には担当者が介助します。介助しきれないときは脇にロープをはさませたりします。
(6)　担当者の楽器の演奏に合わせて，ロープをゆすってあそびます。ロープをゆすると楽器が鳴り，その音でまた動きが誘発されます。

4　音楽，リズム，言語の活動

手づくりの楽器をつくろう

❀ きっかけ

市販の楽器は高価でしかもこわれやすいものが多いです。楽器購入の予算に限度があれば補充はむずかしくなります。そこで考えましょう。楽器はもともと企業がつくり出したものでしょうか。いいえ最初は手づくりからはじまったはずです。あなたも楽器をつくってみませんか。

❀ アイデア

打楽器が主になります。竹や木をつかってつくります。素材の性質をよく知り、それからどんな音が出るかを考えます。また子どもたちに使いやすいように次の5点に留意しましょう。

(1) ハンディであること。
(2) じょうぶなこと。
(3) 安全であること（踏んでもけがをしないなど）。
(4) すこし動かせば音がでること。
(5) どんな姿勢でも使えること。たとえば取手のかわりにロープをつけてひっぱるなど。

❀ つくりかた

（材料）

孟宗竹。はりがね。40×40mm角材。5mmベニヤ板。ロープ。くぎ。ひも。

（道具）

のこぎり。ドリル。のみ。かんな。かなづち。なた。サンドペーパーまたはサンダー。ナイフ。

マラカス

① 孟宗竹を図のように切る。

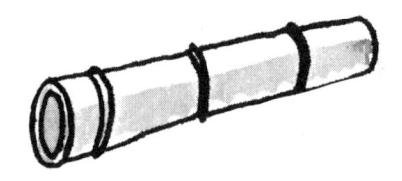

② 竹切りのこぎりとナイフを使って下のように切る。

4 音楽，リズム，言語の活動

③ 図の側のふしを破る。

④ 図のように小さな穴をあける。なかに，くぎや金属のボタンなどを入れる。

⑤ 板を竹の内径に合わせて切り，ふたをする。

できあがり

カスタネット

① 図のように竹を切る。

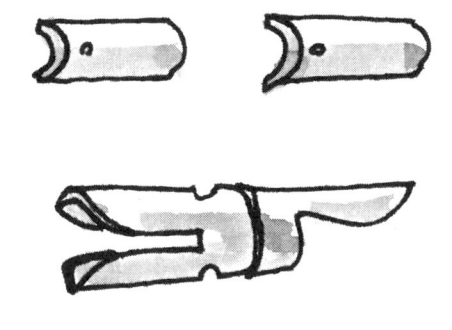

② ……のところにはりがねを通してできあがり。

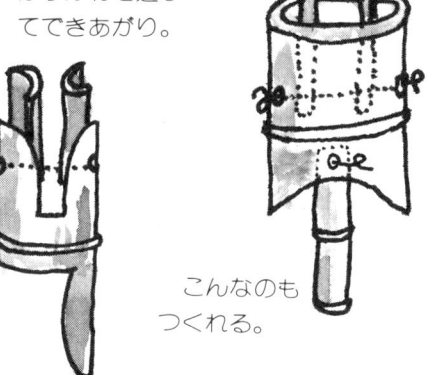

こんなのもつくれる。

マラカスアンドカスタネット

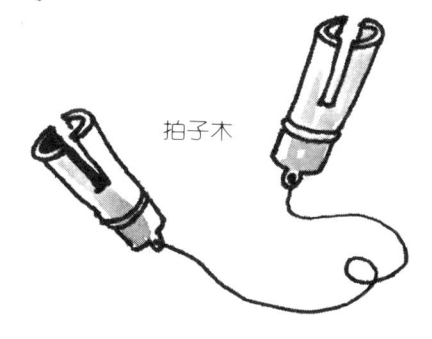

拍子木

タンバリン

① 角材を図のような形に切る。

7個
穴をあける。

② ベニヤ板を図のように切り、①を取りつける。

切りぬく

③ 輪切りにした竹を②に取りつける。

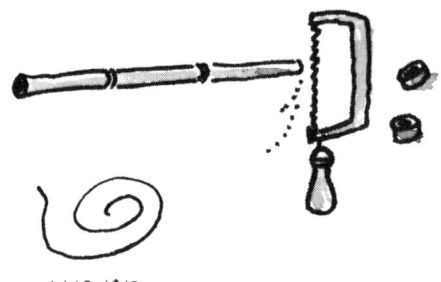

はりがね

できあがり

これだともっと簡単にできる。

4　音楽，リズム，言語の活動

ねたきりの子のための鳴子

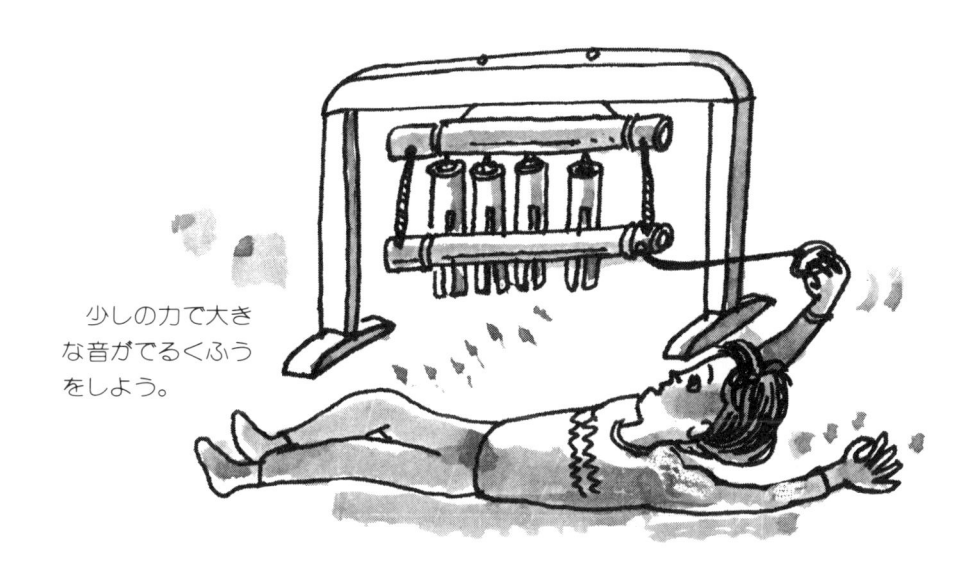

少しの力で大きな音がでるくふうをしよう。

❀　自我関与

　ハンド・メイドには，自分の思うように安くてじょうぶなものがつくれるという他に，もう一つのメリットがあります。それは自我関与です。自我関与とは，ある場面で「私は……」とか「私の……」という意識が働くことをいいますが，それは教育場面の強化の大きなバネとなります。意欲が倍加されます。市販の楽器を子どもに与えても見向きもされない場合があります。そのとき，担当者はあきらめるでしょう。しかし，もしあなたがつくった楽器が見向きもされなかったら，どうにかしてその子にもたせてみようというねばり強さがうまれるでしょう。この「どうにかして……」という気もちが障害児教育にはたいせつで，その気もちは自我関与によってより強く生じるでしょう。

紙芝居

❀　きっかけ

　テレビで美しいアニメーションの画像を見なれている子どもたちも，紙芝居をよろこんで見ます。紙芝居にはやはり生の声，話者のパーソナリティが関与するところにテレビとちがった魅力があるのでしょう。子どもたちはあなたのヒューマン・タッチを求めているのです。

❀　アイデア

　紙芝居にたいして新しいアイデアはありません。ただ，つくる場合の発想というより，製作以前の態度についての考え方をのべてみたいと思います。絵がへただということがじゃまにならない方法を考えたいと思います。へたな絵の紙芝居を子どもは見ないかというと，決してそうではないのです。じょうずへたではなく，つくろうとする情熱があるかないかの問題です。ここでは，絵がにがてだという人のために，いかにして紙芝居をつくるかという方法を紹介しましょう。

❀　幾何学的方法

　円や三角や四角や台形を使って紙芝居の絵を描く方法です。何しろ使う図形そのものが幾何学的図形なので，テクニックの差はほとんどありません。また，円や三角や四角にちょっと顔をかけば，けっこうおもしろいものになるし，絵が抽象的になるので，あなたの想像力によっていろいろストーリーがつけられます。なおこの場合，貼り絵の方がボリュームが出てよいでしょう。

①　月太郎と星次郎はとっても仲よしでした。いつも仲よく散歩をしていました。

②　ある日のこと，地球へあそびに行こうということになり，2人は星くずを集めてゴンドラをつくりました。そして，それにのって地球へ行きました。

③ 下に見える地球には，山や海がありました。

④ 月太郎と星次郎は海の方へおちていきました。

⑤ 海におちた月太郎と星次郎，それに，星くずでつくったゴンドラは，いそぎんちゃくになりました。おしまい。

❁ 略画法

幾何学的方法をもう少しすすめてみましょう。幾何学的図形を幾何学的図形にとどめず，その組み合わせで具体的な絵にしていく方法です。最初は定規やコンパスを使って描いてもいいですが，なれたらフリーハンドで描くのがいいでしょう。貼り絵もまたたのしいでしょう。

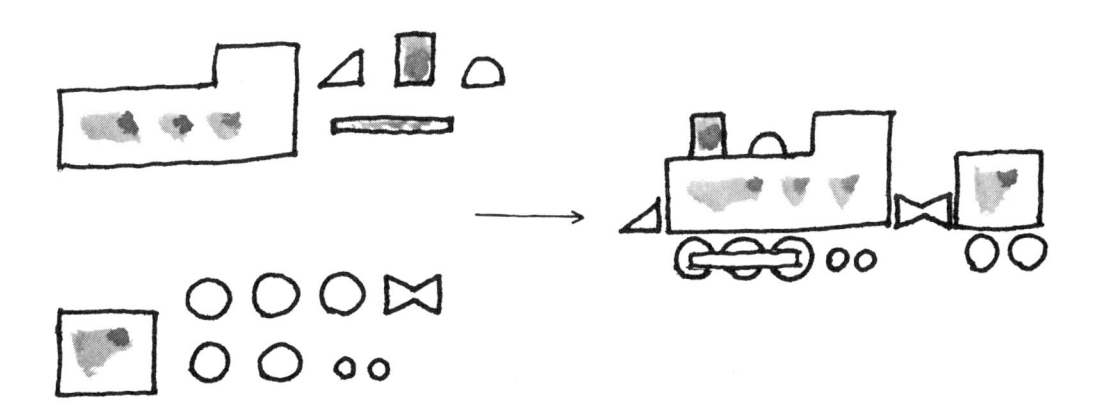

❀　フォト・モンタージュ法

　広告の写真，雑誌のグラビアなどをきりぬいて貼り，あなたのスケッチも随所に加えた，おもしろい絵をつくる方法です。シュール・レアリスティックな宇宙感覚の紙芝居ができるでしょう。

飛行機と機関車を組み合わせた一例です。

❀　箱舞台のつくりかた

　絵だけでも紙芝居はできますが，やはり見栄えをよくするには箱舞台が必要です。重度の知的障害の子どもたちは，紙芝居の絵とその背景を混同するおそれがあります。ですから，箱舞台によって紙芝居の絵をきわだたせる必要があるのです。

（材料）
10〜12mmベニヤ板。ちょうつがい。竹。はりがね。くぎ。ヒートン。ラッカー。

（道具）
のこぎり。回し引きのこぎりまたはジグソー。かんな。かなづち。ペンチ。ドライバー。ドリル。曲尺。サンドペーパー。はけ。

4 音楽，リズム，言語の活動

① 下図のように木取りをする。

⑦ 紙芝居の用紙の大きさをもとに箱の寸法をきめる。

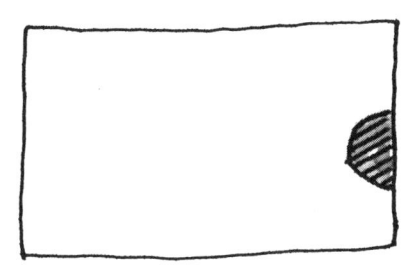

④ 斜線部分を切りぬく。(⑦も同じ)

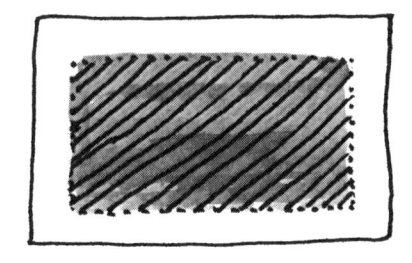

⑨

④ 図のように左右対称形に切りとる。

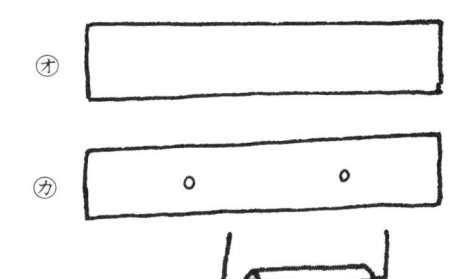

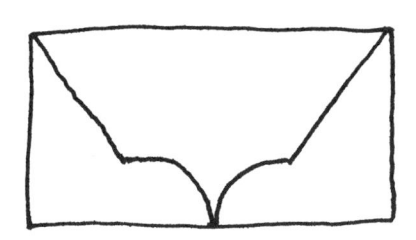

⑥

⑦

② 組立てる。（ちょうつがいは，その厚さだけみぞをつけて取りつけると，きれいに仕上げることができる）

⑧ 竹にはりがねを通して取手をつくる。

おもて側にはサンドペーパーをかけ，ニスをぬろう。

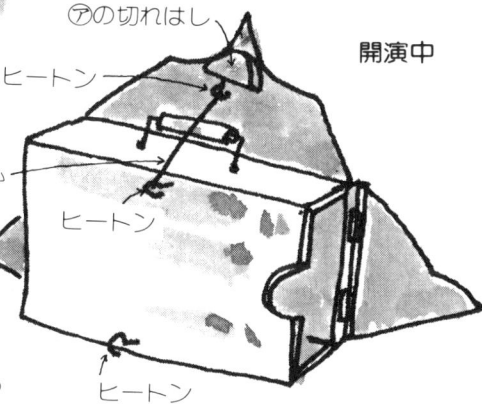

⑦の切れはし
ヒートン
ゴム
ヒートン
ヒートン

開演中

③ ⑦の切れはしを山飾り部分に回転できるように取りつける。

運ぶときには,このようにたためる。

うら側のヒートンにかける。

❀　注目の術

　知的障害の子どもたちの教育にたずさわるあなたは,経験の仙人から注目の術をさずからねばなりません。子どもたちの眼を自分の方へ向かせる術です。あなたが子どもたちの前で自作の紙芝居を演ずるとき,あなたはこの術の成功を感得するでしょう。子どもたちのまぶしい視線は,紙芝居とそしてそれを演ずるあなたに注がれるでしょうから。

ペープサート

❀ **きっかけ**

紙芝居ではいつも子どもたちが聞きてにまわります。それはそれとしていいのですが，子どもたちもともにとなるとペープサートがいいように思えます。

❀ **アイデア**

製作段階で，スクリブルしかかけない子も参加させることを考えつきました。これは新しい考えというより，発想のはばをすこしひろげただけのことです。

❀ **ペープサートのつくりかた**

（材料）

画用紙。絵具。ガムテープ。5mm角材（なければベニヤ板をほそくきったもの。絵が小さければ割り箸でもよい）。のり。

（道具）

はさみ。筆。

① 画用紙に人形をかいて切りぬく。

② ①に合わせてもう1枚切りぬき，うしろむきの絵をかく。

③ ほそい棒を②のうらにガムテープでつける。人形が小さければわりばしでじゅうぶん。

④ ③の上に①をはりつけてできあがり。

略画法の例(コンパスと定規で。またはフリーハンドで。)

4 音楽，リズム，言語の活動

❀ スクリブルでペープサートを

「子どもたちにもペープサートをつくらせたい。しかしスクリブルでは……」とあなたは考えてはいませんか。あなたの手で雲を描いてごらんなさい。水を描いてごらんなさい。風を描いてごらんなさい。子どもたちのスクリブルと差が出るでしょうか。まして，人間の怒りやよろこびの形象化となれば，私たちも子どもたちも大差ないものとなります。ペープサートのストーリーを創作して，そのなかに，雲やら，風やら，主人公の心を形象化した怒りや笑いを子どもたちのスクリブルでつくれば子どもたちとの共同スタッフが実現するでしょう。

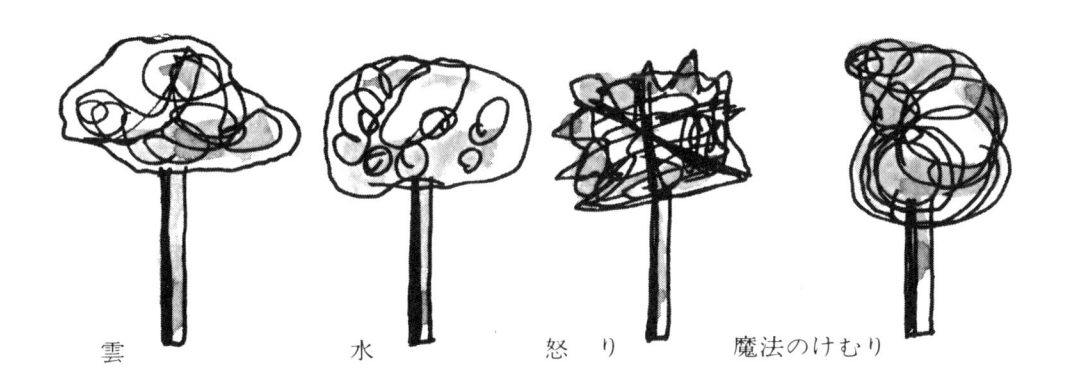

雲　　　水　　　怒り　　　魔法のけむり

❀ おひさまの効用

図のようなおひさまが1つあれば，朝，子どもたちとあいさつするときも，おひさまにおじぎをさせたりして子どもたちの注目をあつめ，それを契機に一日の活動へひきこんでいくこともできます。子どもたちをひきつけ，そしてひっぱっていくテクニックは，あなたのちょっとしたひらめきでぐんと向上します。

❀ 何にでも使おう

ペープサートの人形は，背景からもストーリーからも独立して使うことができます。上述のおひさまの場合もそうですが，動物の人形などを数種つくっておいて，即興劇などをしてもおもしろいでしょう。

❀ ペープサートとは

ペープサートとはどういう意味か，それについて書いてある本は意外に少ないので蛇足ながら説明しておきましょう。これは英語のpaper puppet theatre（紙のあやつり人形劇場）がちぢまってペープサートとなったということです。

エプロン劇場

❀ **きっかけ**

　ペープサートをするときは背景がいります。なくてもできないことはありませんが，アドリブでなくきっちりしたものをやろうとするとどうしても舞台や背景が必要になります。しかし，舞台となると大がかりになります。紙芝居や人形劇をした経験のある人なら，観客のなかへわけ入ってやりたいという衝動にかられたことがおありでしょう。紙芝居やペープサートの舞台はいったん設営すると途中ではうごかせません。そこをなんとかできないものでしょうか。舞台のそばへ子どもたちを集めるのではなく，子どもたちの集まりのなかへ舞台がはいっていく新しい方法は？

❀ **アイデア**

　最近エプロンにいろいろな模様のついたのがあります。花や魚や動物といった具合で，それを身につけてあるいている人をみると，さながら動く紙芝居とも思えます。これをペープサートに利用することを考えました。エプロン型の背景を何枚もかさねていく方法です。これだと，子どもたちのいるところへ自由に出向いていけるのです。

❀ **つくりかた**

（材料）
画用紙。絵具。のり。割り箸。ゴムひも。

（道具）
はさみ。筆。パンチ。

※人形は，割り箸を使って小さなものをつくります。つくりかたは「ペープサート」のところをみてください。

背　景

① 4つ切り画用紙を図のように切る。

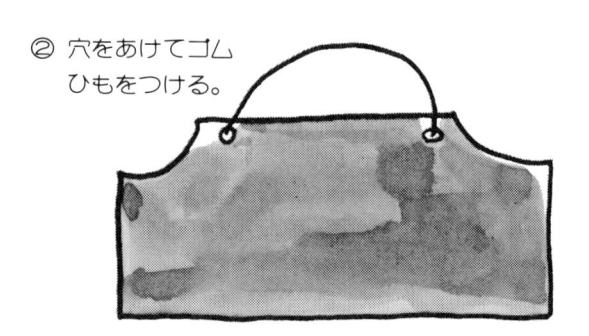

② 穴をあけてゴムひもをつける。

4 音楽, リズム, 言語の活動

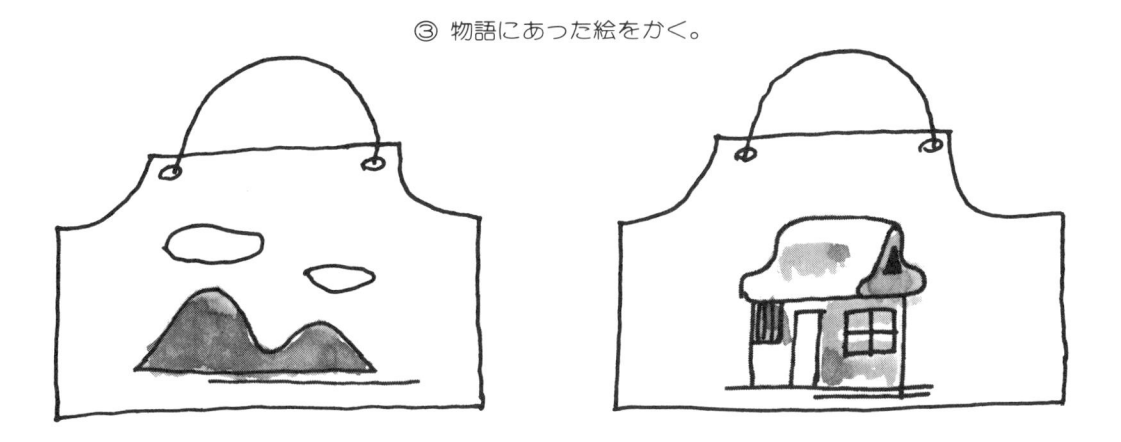

③ 物語にあった絵をかく。

何枚もかさねて首にかけ, 一場面が終わるごとにめくっていく。すきなところへ出向いてできるので, 場面によっては特定の子どもとパーソナルな関係で演技できる。

パクパク人形劇

❀　**きっかけ**

　ふつう，人形劇といえば，「紙粘土で顔をつくって……」というのがポピュラーですが，もっと手近な材料で簡単でユニークな人形劇ができないものでしょうか。

❀　**アイデア**

　買いものをしたときの紙袋を，小さな子どもは頭にかぶったりしてよくあそんでいます。袋というものには，なにか親しみというようなものがあります。この袋をつかって人形劇をやることを考えました。袋に手を入れて底を指でパクパクさせるのです。

❀　**つくりかた**

（材料）
紙袋。のり。画用紙。布ガムテープ。絵具またはパス。

（道具）
はさみ。カッターナイフ。絵筆。

① 図のような紙ぶくろを用意する。

② 図の位置にガムテープをはり，2本切りこみを入れる。

③ 画用紙に動物や人形の絵をかく。顔を大きく，たてながにかく。

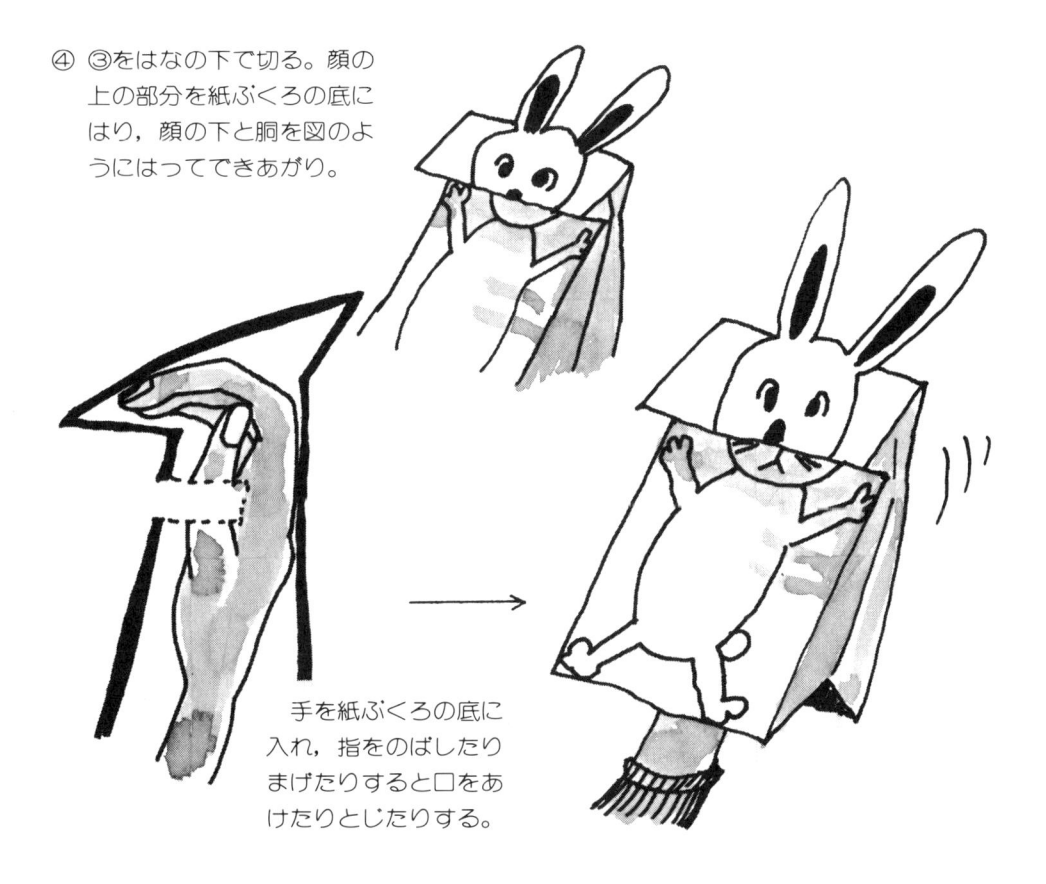

④ ③をはなの下で切る。顔の上の部分を紙ぶくろの底にはり，顔の下と胴を図のようにはってできあがり。

手を紙ぶくろの底に入れ，指をのばしたりまげたりすると口をあけたりとじたりする。

❀ いろいろな人形を

くつ下や古いセーターなどをつかっても人形はつくれます。人形劇という言葉からくるイメージをひとまずどこかへおいておいて，どういう条件をみたせば人形劇が成立するかを考えましょう。その条件にさえあえば，材料はくつ下だろうが，ダンボールだろうがなんでもいいのです。

くつ下で　　　ダンボールで　　　うら

くりぬいて取手をつくる。

子どもたちが出演する劇

❀ **きっかけ**

　紙芝居やペープサート，人形劇は，あくまでも子どもが見たりきいたりする立場におかれます。いろいろな行事の際には，子どもたち自身の動作や発声が主体となるとりくみをしたいものです。

❀ **アイデア**

　子どもたちの日常の動きが，そのまま劇にいかせるような台本づくりと演出を考えることがたいせつです。障害の重い子といっても程度はまちまちで，動きのパターンも著しくちがいます。その子たちを一つのストーリーのもとにまとめていこうとするとき，やはり日常性が中にいかされるものでないとうまくいきません。したがって台本は，オリジナルとか，原作があるものでも，子どもの状態にしたがってアレンジしなければならないでしょう。

❀ **幕数を多く**

　障害の重い子どもたちは動作の変化にとぼしく，活発な動きができませんので，幕数を多く，背景がよくわかる劇にして観客をひきつけましょう。小道具はなるべくすくなくして，背景だけの変化ですませるようにしたいものです。

❀ **かぶりものをはぎとる子どもについて**

　子どもたちは劇中のそれぞれの役になって，かぶりものをつけるのですが，なかにはすぐはぎとってしまう子どもがいます。そんなときは，白いTシャツかなにかにゼッケンのようにぬいつけるといいでしょう。

❀ ふだんのようすをとりいれた配役の決定

　障害の重い子の劇はむずかしい。それは脚本の世界と子どもたちの現実があまりにもかけはなれているためです。だから日常を劇化しましょう。ひものすきな子にはひもをもって歩く役をつくってやればいいし，ものをもったらすぐなげる子には，そういう場面をつくって彼にものをなげさせればいいでしょう。座らせればいつまでもそのままというような子どももいますが，その子も布が顔にかかったら払いのけようとします。この動きからもキャストは十分つとまると思います。図は青虫がチョウに変身する場面を，布をかぶせたらはぎとる子に応用した一例です。

❀ 歌をいれて場面の強化を

　劇のなかで，それに関した歌を会場みんなでうたえるようにすると，会場全体の人たちを劇にまきこむことができ，場面の強化に役立ちます。これには方法があります。童謡でも歌謡曲でも，だれでも知っていそうな曲に劇に合った歌詞をつけ，それをあらかじめプリントしておいて，みんなにうたってくれるように打ち合わせておきます。

❀ 背景について

　背景などに白ボール紙を使う人が多いですが，フレームがしっかりしていれば新聞紙で十分です。新聞紙のほうが絵具の吸収がよく，色もおちつきます。

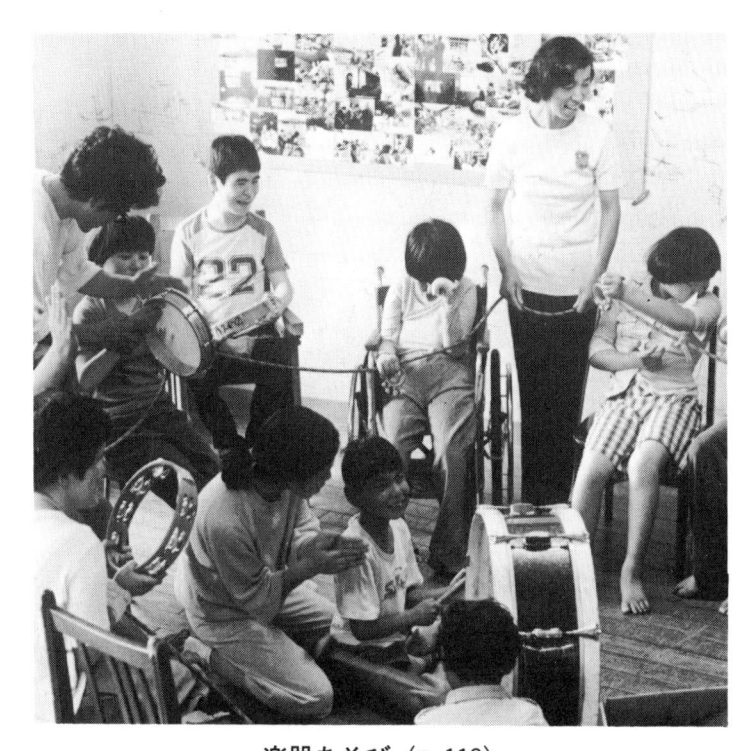

楽器あそび (p. 118)

❺ 何気なく手をふれる

　これまでは，担当者がそれぞれ設定した活動についてのべてきました。しかしよく考えてみると，子どもたちがひとりでいる時間の方が多いようにも思えます。私たちが教材を開発し，教具をつくるのは，子どもたちとともにする設定された活動のためだけではありません。子どもたちの「ひとりあるき」の部分，担当者の手の届かない部分にまで心をくばって，教材教具をつくろうとする意志と技量がなければなりません。

　手の活動のさまざまな状態，すなわち，握る，おす，つまむ，つっぱねる，ねじる，たたく，もちあげる，ひっぱる，まわす，ゆする等々は，手の前にそれらの活動を誘発する「もの」があることによって実現します。この活動を誘発する「もの」として教材をとらえなおせば，設定された場面の域をこえて教材教具が存在しなければならないということになります。

　ほおっておけば何もしないような子どもの手に動きをあたえるため，また，一つのものに固執している子どもの手に別のものをもたせるために教具は必要です。そして，にぎったあとはひっぱる，そのつぎはまわすというような広がりを与えるためにも教具は必要です。いや単に手だけの問題ではありません。肌ざわりや音や光も重要な要素として加わります。

　ここでは教具ということばを使っていますが，おもちゃといってもいいのです。教育的視点よりすれば教具ということになるでしょう。とにかく，なにもしていない手の親しき友人になれればいいのです。

水車小屋

❀ **きっかけ**

　ものをまわしたり，ゆすったりするのがすきな子のために何かおもちゃをつくろうと考えました。小さなものはすぐにこわれるし，どこかへいってしまいます。そこで大がかりなすえつけのおもちゃをと考えたのが水車小屋です。

❀ **アイデア**

　水車小屋といっても水にはいっさい関係がありません。形が水車小屋になっているだけです。この水車小屋には一個所にいろいろな手の動きのパターンが集約されていますし，手の動きにたいしていろいろな音がでるようになっています。また鏡もついています。構造と機能は次のようになっています。

　①は水車ですが，手でまわします。手をふれるだけで簡単にまわります。なかに，はりがねを通した竹片がとりつけてありますので，水車をまわすとかなり大きなカラカラという音がします。

　②は鏡です。①の水車や④の鳴子であそんでいるとき，自分の姿が鏡にうつる

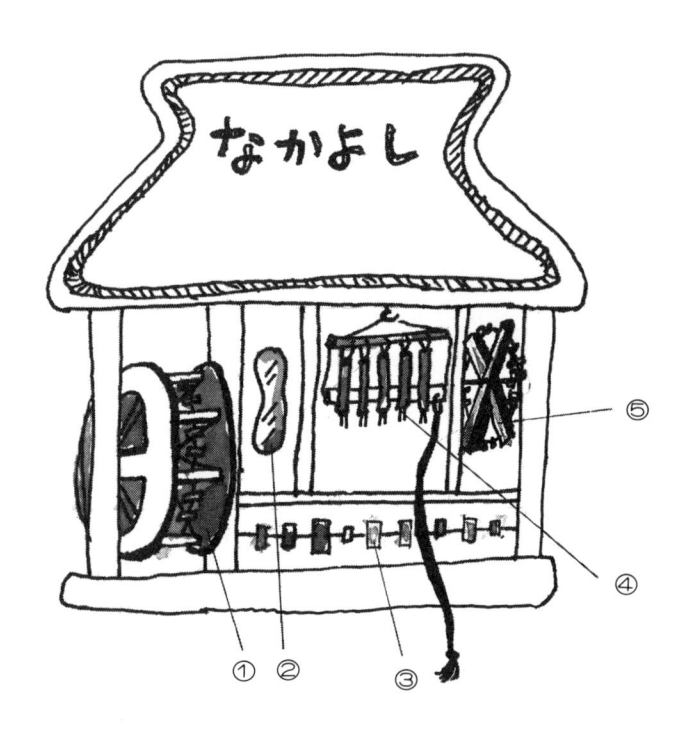

しかけです。

③は木片の中心に穴をあけたものをはりがねにとおしたものです。これは、指先をつかってくるくる回してあそぶためのものです。木と木の間にはリングがはまっていて一つ一つが軽くうごきます。

④は孟宗竹でつくった鳴子です。どんな方向から力が加わっても音がでます。じかに竹をもってゆすっても音がでますし、横についているロープをひっぱっても音がでます。少しの力で大きな音がでるようになっています。

⑤十文字にくんだ木にはりがねをつけ、竹片をとおしてまわすとカタカタと音がします。①が手を開いたまま回すことが多いのにくらべて、これを回すときは木のはしを握るようにしたり、つまむようにしたりして回します。

❀ つくりかた

水車小屋にしたのは作者の恣意で、本質的な問題ではありません。音のでるしかけや鏡をつけることの意味をくみとっていただければよいと思います。一応水車小屋のつくりかたを紹介しますが、デザインはあなたのすきなようにつくってください。

(材料)

5mmベニヤ板。40×40mm角材。40×20mm角材。孟宗竹。ロープ。はりがね(8番,16番,24番)。鏡。鉄棒(直径8～10mm)。L字型およびT字型補強金具。あらなわ。しゅろなわ。

(道具)

のこぎり。回し引きのこぎりまたはジグソー。かんな。かなづち。のみ。なた。ナイフ。ドリル。クリコポール。ペンチ。ラジオペンチ。金切りのこぎり。

① 5mmベニヤ板を下のように木取りする。

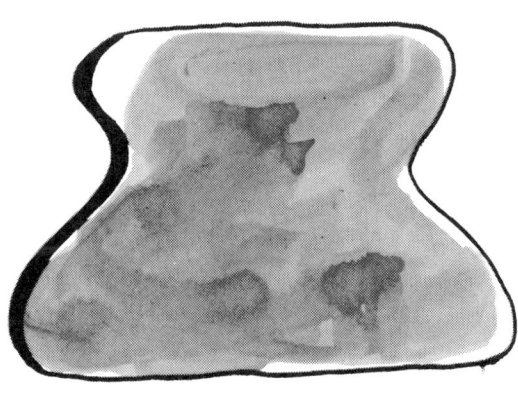

2枚

2枚

② 40×40㎜角材で組立てる。

LTは補強金具

③ 図のような形のものを角材で2個つくり、2枚の輪の内側中央に固定する。

④ 図のように板片を8枚取りつける。竹片を通したはりがねを取りつける。

142

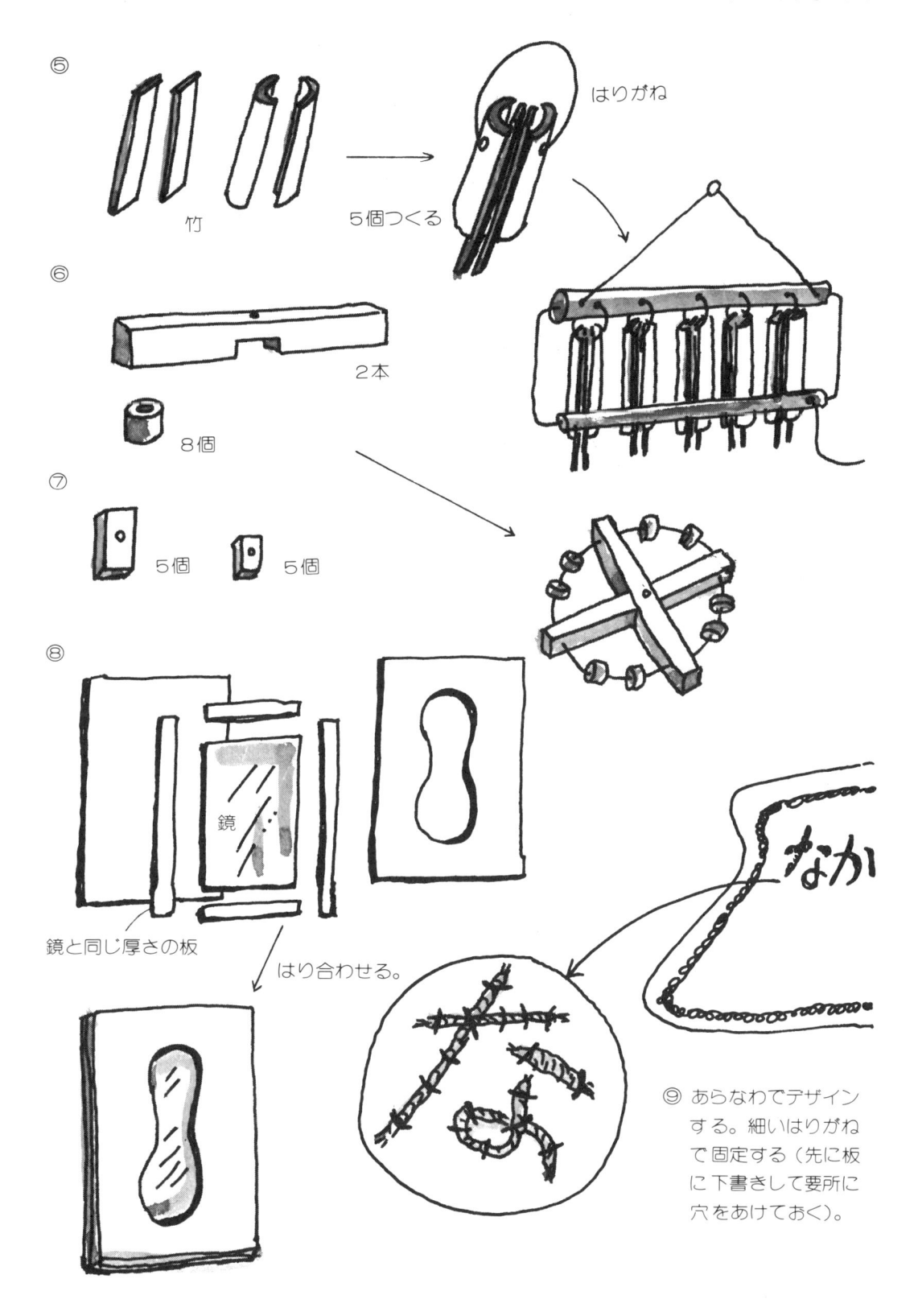

5 何気なく手をふれる

⑤ 竹　5個つくる　はりがね

⑥ 2本　8個

⑦ 5個　5個

⑧ 鏡と同じ厚さの板　はり合わせる。

⑨ あらなわでデザインする。細いはりがねで固定する（先に板に下書きして要所に穴をあけておく）。

⑩ ②にそれぞれを取りつけてできあがり。

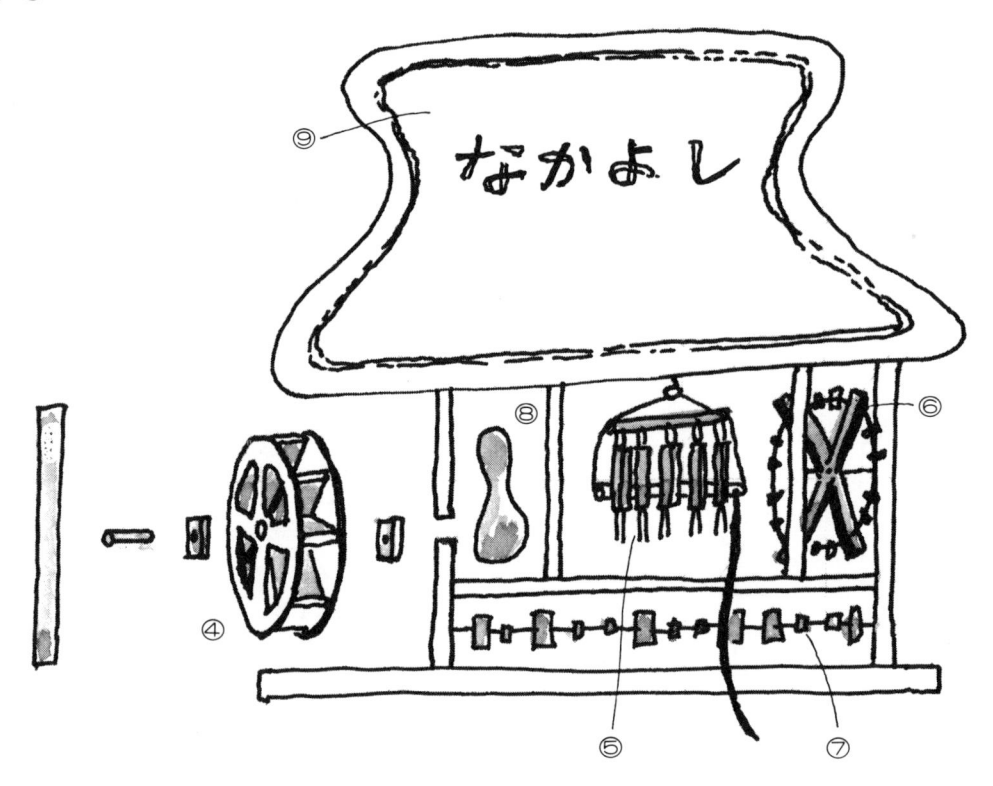

🌸 行為の保障

　「造形の活動」とくに「クシャクシャ」のところで,「行為の保存」についてのべましたが, その考えをもう少しひろげると,「行為の保障」という考え方が生まれます。行為の保障とは次のようなことをいいます。

　なべのふたをくるくる回してあそぶのがすきな子がいたとします。なべのふたは玩具ではありませんのでその行為は禁止されるでしょう。しかしこのとき, ものを回すという行為とその対象としてのなべのふたを別々に考えますと, ものを回す行為そのものが禁止される必要はなく, 対象がなべのふたであることが, その行為をも禁止させることになったのです。彼からなべのふたをとりあげることは彼の行為をも同時にうばっていることになります。だからといって何でももたせてあそばせておいていいはずはありません。そこで行為を公認できるかたちで保障することが必要になってきます。ここで紹介した水車はものを回すという行為を保障することができます。おもちゃは何らかの形でこの「行為の保障」に関わっているといえましょう。

壁面ライオン

❀　**きっかけ**

　白い壁がありますと，ついそこにらく書きをしてみたり，ものをおいてみたりしたくなるものです。子どもたちが手をふれることを考えるとき，壁面にも何か一工夫ほしいものです。

❀　**アイデア**

　根本的な考えは水車小屋も同じです。ただこの壁面ライオンの場合は，殺風景な壁面を「見てたのしい」ものにするという一種の装飾性が主眼になっています。

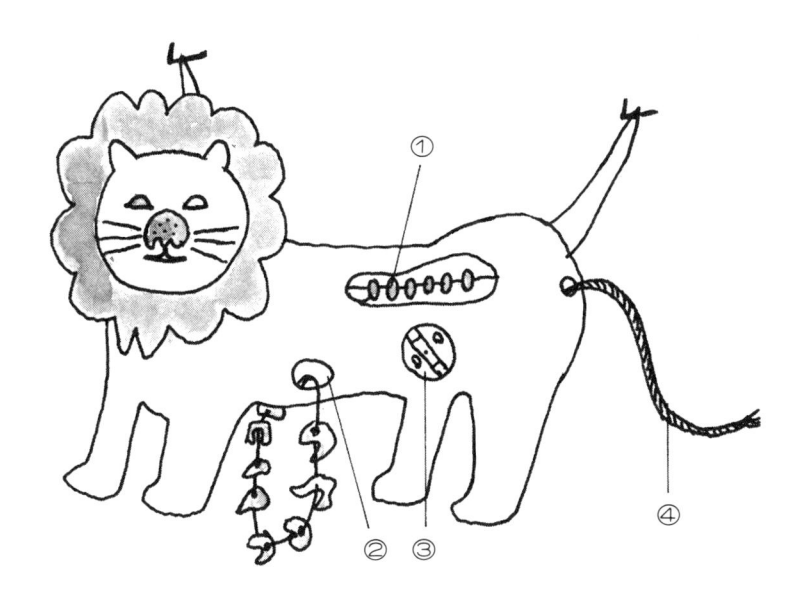

　①にはそろばん玉がはまっていて指先でクルクルまわしてあそぶようになっています。

　②この穴にはひもについているいろいろな形をした板をくぐらすことができるパズルです。

　③この丸い板は指で簡単にまわすことができます。

　④しっぽのロープでこれをひっぱるとライオン全体がゆれ，壁にあたってパタンパタンと音がでます。

❀ つくりかた

（材料）

12mmベニヤ板。5mmベニヤ板。40×40mm角材。ロープ（太・中）。大きいそろばん玉（なければ木でつくる）。太いはりがね。ポスターカラー。ニス。くぎ。割り箸。

（道具）

のこぎり。ジグソー。かんな。かなづち。クリコポール。ドリル。絵筆。はけ。サンドペーパー。

① ベニヤ板を図のように切る。

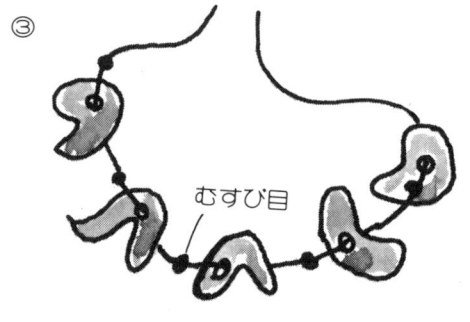

12mmベニヤ板

はな

5mmベニヤ板

②

③

むすび目

④ ①をはり合わせる。ひげは割りばしでつくる。②③を取りつける。

くるくるまわるように。

うら側に固定する。

⑤

❀ いろいろなデザインで

あまり板があれば，ジグソーですきなようにきりぬき，ロープで壁につってみましょう。とてもたのしい雰囲気になります。

「おさかな」の例

壁面ライオン（p.145）
クルクル，バタンバタン，
あそびがひろがる

おもちゃづくりのポイント

❁　**だれがみてもたのしいものを**
　ガラガラいう音がすきな子がいたとします。空かんに石をいれて口をふさいだものを彼に与えるだけで彼はよろこぶでしょう。ところが、彼がおきわすれていったすきにだれかが来て、「なんだこんなもの」とすてられたら、もうそれっきりになります。ところがそれに楽しい動物の絵でもはってあれば、すてられたりしないですむでしょう。だれがみてもたのしいおもちゃをつくりましょう。

❁　**おもちゃに心をもたせる**
　おもちゃは「いい形」につくりたいものです。施設などでは、おもちゃの安住の地はありません。だからおもちゃ自体に自己主張のあるもの、「おれはこんなによく、ていねいにつくられているんだぞ」と人間に向かって叫ぶおもちゃをつくるのがのぞましいことです。

❁　**コロンブスがいっぱい**
　子どもたちは好奇心の順風をうけたサンタ・マリア号にのっているコロンブスです。彼らはちいさなおもちゃでもすぐ発見してしまいます。できるかぎり新しいものをひまをみてつくりたいものです。

❁　**賭　け**
　おもちゃづくりには一種の賭けの部分があります。構想をねる部分では子どものあそぶ姿がうかんでいるのですが、つくり上げてしまうまで、それであそんでくれるのかくれないのかまったくわからないからです。子どもたちのくせやすきなものがわかっているのでいろいろ考えてつくるのですが、ぜんぜん相手にされないときもあります。また何気なくつくったものが人気をはくすることもあり、やはり賭けなのでしょう。またこの賭けに挑むのがおもちゃづくりの醍醐味だともいえましょう。

❁　**理解しないがわかっている**
　まえに紹介した水車をまわしてあそぶ子がいたとしましょう。彼は水車の回る原理を理解してはいません。しかし、これを回せば音がでておもしろいということはわかっています。フランスの心理学者ヴィオーはこういう心の働きを実用的知能といっています。私たちの祖先がやりをつくったりなべをつくったりしたのもこの実用的知能だということです。

❀　道具の整備を

　おもちゃづくり，教具づくりをするのにいちばんたいせつなのはあなたの情熱ですが，その次が道具です。道具はいつも整備し，アイデアが生まれたらすぐ着手できるようにしましょう。常識的なアイデアは頭のなかで長くいてくれますが，ユニークなアイデアはフラッシュのごとく一瞬まばゆい閃光を放って永久に消えさることがよくあります。一瞬のひらめきをのがすな！

❀　集めれば価値がでる

　はみがきのふたのようなものでも10コ，20コとあつまると，これで何かできるのではないかと考えられます。このように1つや2つではなんだと思うようなものでもあつまると価値がでます。

❀　ストックボックスのすすめ

　いろいろなものからおもちゃはつくれます。だからいろいろなものをためておくストックボックスを設けましょう。木片，板きれ，ロープ，ほうきの柄，モップの柄，空かん，そろばん玉，オルガンのファンなど，形がおもしろいもの，また素材としてつかえるものはなんでもストックボックスにいれていざというときにそなえましょう。

水車小屋（p.140）
鏡や鳴子，しかけがいっぱい

おもちゃの要素

❀ さわる

　見ているだけではつまらないから，子どもたちはさわろうとします。「壁面ライオン」のところでものべたように，なにもない壁は子どもたちにとってつまらないものでしょう。壁になにかさわれるものを。さわることで変化が感じられるものを。

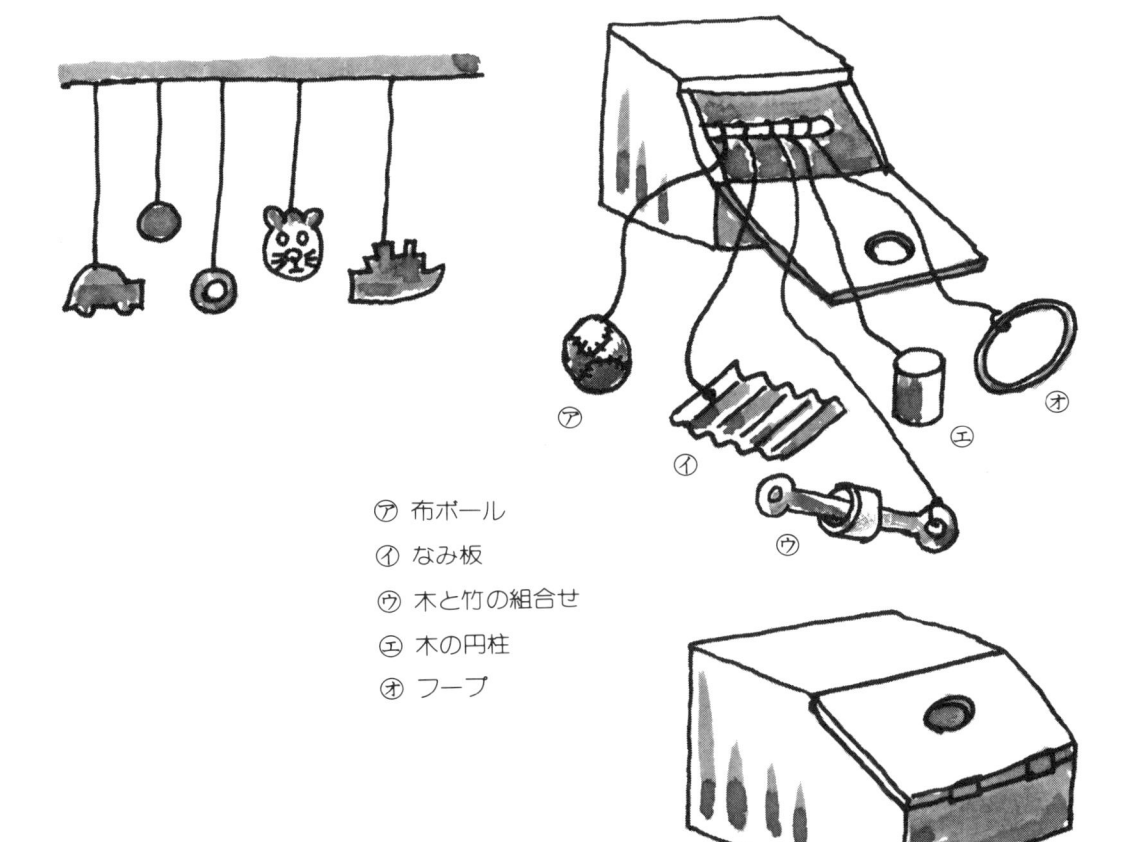

　㋐　布ボール
　㋑　なみ板
　㋒　木と竹の組合せ
　㋓　木の円柱
　㋔　フープ

収納したところ

151

❀　**かじる**

　子どもたちはおもちゃをよくかじります。きたないからと禁止するより、きたなくない方法を与えましょう。また口のなかのけがをふせぐためにかんなをかけて角をおとしておきましょう。

❀　**ひっぱる**

　子どもたちはよくひもをひっぱります。だれでもひもが天井からさがっていれば無意識のうちにひっぱろうとします。ひものもつこの魔力をおもちゃにとりいれましょう。

　なお、ひっぱるということは、力をゆるめたとき、元どおりに復元するという要素が加われば、よりいっそう強化されます。

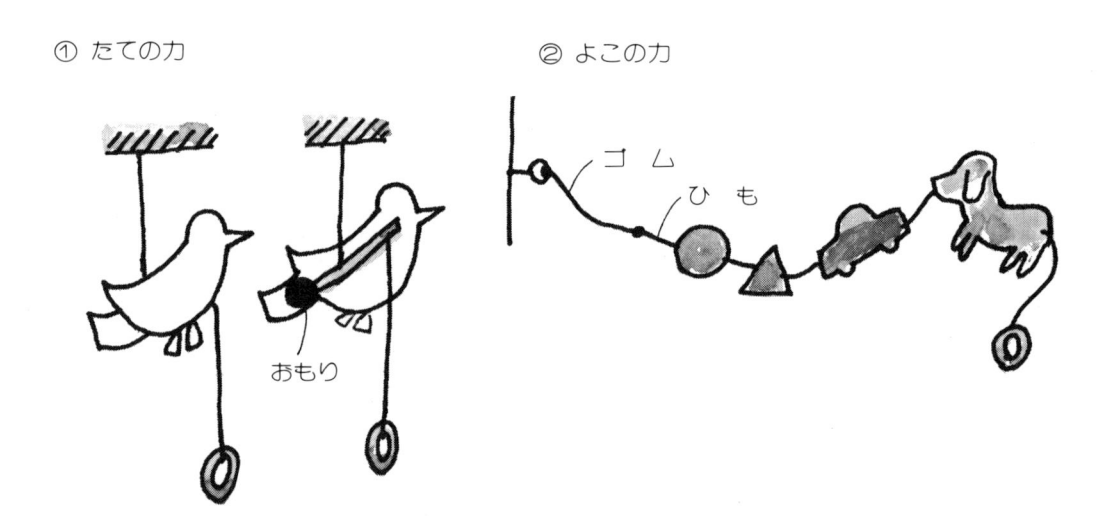

① たての力　　　　　　　　② よこの力

おもり　　　　　　　　　ゴム　　ひも

❀　**まわす**

　回転はおもちゃの生命です。子どもたちはものをまわすのがすきですし、天才的な才能をもった子もいます。

5 何気なく手をふれる

❀ みつめる

おもちゃには，みる要素，みつめる要素が必要です。手近な材料では鏡がいいでしょう。水車小屋にもついていましたね。

① ふちの欠けた鏡。

② 鏡よりひとまわり大きい板を2枚用意する。

③ 鏡と同じ厚さの板を細切りにして鏡の周囲に固定する。

④ もう1枚の板を図のようにくりぬいて③に取りつける。

できあがり

❀ 聞 く

子どもたちは音のでるおもちゃをこのみます。それはいかに「聞く」ということがおもちゃにとってたいせつな要素であるかということをものがたっています。

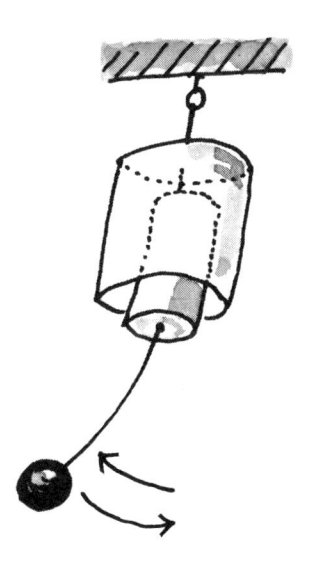

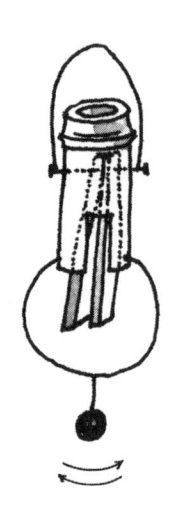

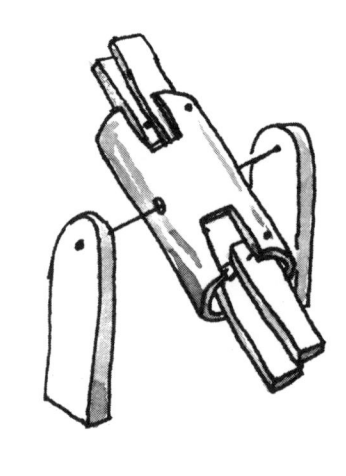

❀　連係動作誘発性

　いままではおもちゃの要素の個々についてのべてきましたが，それらの諸要素があつまってうまくアンサンブルになったとき，効果は相乗的にあがるでしょう。一つの動作がつぎの動作の引き金になるようなしくみ，それが連係動作誘発性です。すでに紹介した水車小屋はこの考えにもとづいています。

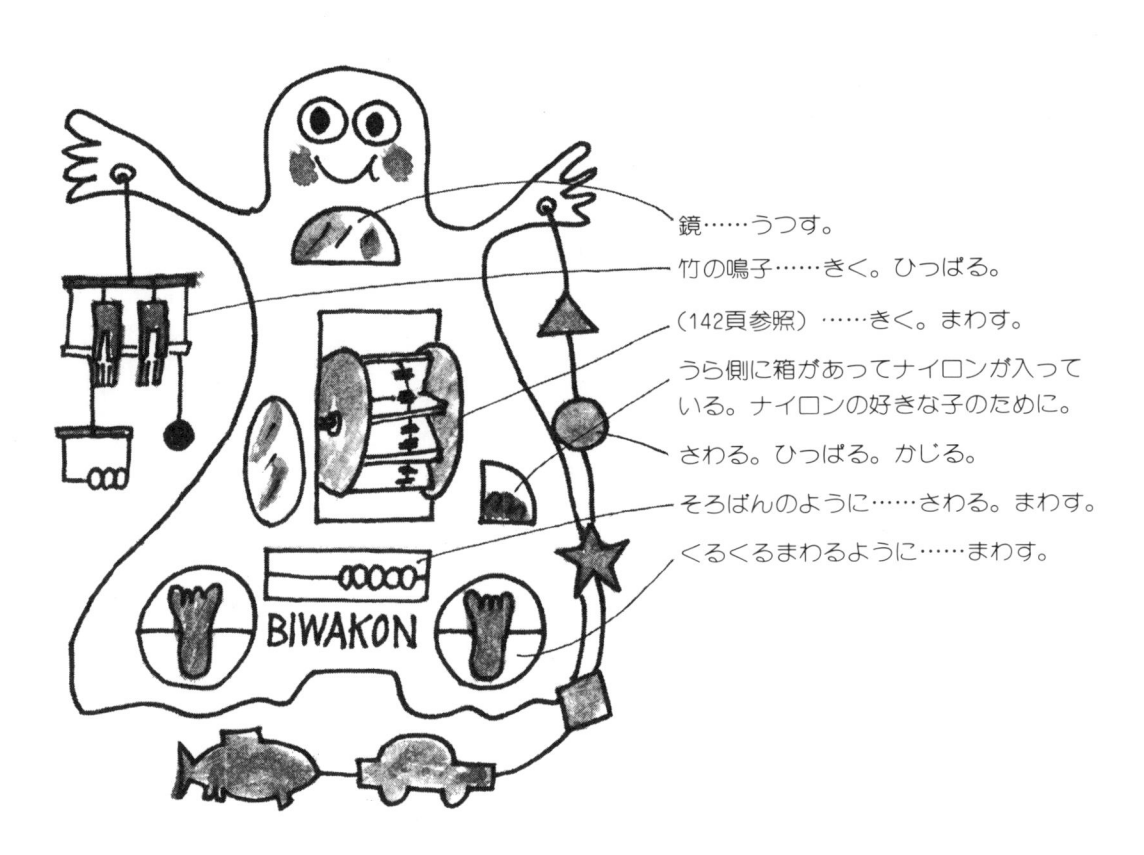

鏡……うつす。

竹の鳴子……きく。ひっぱる。

（142頁参照）……きく。まわす。

うら側に箱があってナイロンが入っている。ナイロンの好きな子のために。

さわる。ひっぱる。かじる。

そろばんのように……さわる。まわす。

くるくるまわるように……まわす。

あとがき

　この本を書いているときにいちばんこまったことは，びわこ学園での実践である本書の内容をいかに一般的な内容にするかということでした。

　びわこ学園はその集団としての個性を強烈にもっています。一般化によって意味をなくしてしまう性格の実践さえあります。しかし，ある領域において達成されたことがらは，一般化されてこそ個々の人間，個々の集団をはなれて知識や技術となりうると思います。また，一般化されてこそ批判もまちがいの指摘もうけられるのだと思います。

　このように思うことにより自らを勇気づけてきました。

　以下の文献を参考にしました。
(1) ドクロリー著，斉藤訳『ドクロリー・メソッド』明治図書
(2) モンテッソーリ著，阿部他訳『モンテッソーリ・メソッド』明治図書
(3) ペプスネル他著，山口他訳『精神薄弱児の発達過程』三一書房
(4) エリコニン著，駒林訳『ソビエト・児童心理学』明治図書
(5) Kephart, N.C. "The Slow Learner in the Classroom" 2ed. Charles, E. Merrill Publishing Company.
(6) Frankel, M.G. and others "Functional Teaching of the Mentally Retarded" 2ed. Charles, C. Thomas Publisher.
(7) ヴィオー著，村上訳『知能』白水社《文庫クセジュ》
(8) ウエルナー他著，鯨岡他訳『シンボルの形成』ミネルヴァ書房

■著者略歴
森　哲弥
昭和18年1月　京都市で生まれる。
昭和42年3月　立命館大学文学部哲学科心理学専攻卒業。
昭和42年4月より，社会福祉法人びわこ学園に勤務。
昭和52年5月「重症心身障害児の教育における教材教具についての
　　　　　　　研究」で第1回ほほえみ賞受賞。
平成15年1月　社会福祉法人びわこ学園退職。
著　書　『びわこ雑記帳』
現住所　滋賀県甲賀郡甲西町菩提寺1492―349

装　丁　中村美保

障害児教育＆遊びシリーズ⑦
障害児の遊びと手仕事

2001年11月1日　初版発行
2007年12月31日　6刷発行

著　者　森　哲弥
発行者　武馬久仁裕
印　刷　株式会社　太洋社
製　本　株式会社　太洋社

発行所　株式会社　黎明書房

460-0002 名古屋市中区丸の内3-6-27 EBSビル
☎052-962-3045　FAX052-951-9065　振替・00880-1-59001
101-0051 東京連絡所・千代田区神田神保町1-32-2
南部ビル302号　☎03-3268-3470

落丁本・乱丁本はお取替します。　ISBN978-4-654-00057-9
© T. Mori 2001, Printed in Japan